MILLE ANS DE CONTES

*

Mer

MILAN
jeunesse

DANS LA MÊME COLLECTION :

Mille ans de chansons traditionnelles
Mille ans de contes – animaux
Mille ans de contes – histoires drôles
Mille ans de contes – Indiens d'Amérique du Nord
Mille ans de contes – mythologie
Mille ans de contes – nature
Mille ans de contes – Québec
Mille ans de contes – tome 1
Mille ans de contes – tome 2
Mille ans de contes classiques
Mille ans de contes sur les sentiers
Mille ans de contes pour rire
Mille ans de frissons
Mille ans de poésie
Mille ans de théâtre – tome 1
Mille ans de théâtre – tome 2

Cet ouvrage a été réalisé par les Éditions Milan avec la collaboration d'Anne Clerc.
Création graphique de la couverture : Bruno Douin.
Mise en page : Isabelle Dumontaux.

ISBN : 978.2.7459.3182.5

Dépôt légal : 2e trimestre 2008
Imprimé en Espagne

MILLE ANS DE CONTES

*

Mer

Illustration de couverture :
Christian Guibbaud

Illustrations intérieures :
Sébastien Chebret
Elsa Fouquier
Violaine Leroy

Rédaction :
Antonin Masson,
Chloé Moncomble,
Gérard Moncomble

MILAN
jeunesse

Sommaire

AVANT TOUT

DIS, TU ME RACONTES UNE HISTOIRE ?

Une histoire à raconter tous les soirs pendant des années, cela fait beaucoup d'histoires. Une histoire gaie pour les jours de pluie, une histoire de loup pour le plaisir d'avoir peur bien au chaud dans son lit, une histoire courte quand maman est pressée, une histoire longue parce qu'on a été très sage... cela fait beaucoup d'histoires différentes. Pour répondre à la demande des enfants quels que soient leur âge, leur goût ou leur humeur, voici une collection de recueils de contes extrêmement variés.

La classification de *Mille ans de Contes-Mer* est nouvelle : contes merveilleux, histoires d'animaux, de pirates et de corsaires, d'hommes face à la mer, contes fantastiques.
Le recueil rassemble des légendes (*La Fée fatiguée*), des récits mythologiques (*Ulysse et les sirènes*, *La Sueur de Taaroa*), des histoires moins connues appartenant à la tradition orale et se rattachant à un pays en particulier (*Le Requin Cheveux d'or*), des textes littéraires classiques comme *L'Agonie de la Sémillante* d'Alphonse Daudet, et des histoires écrites par quelques-uns des meilleurs auteurs de jeunesse contemporains.
Les textes anciens (ceux tirés de la mythologie), certains contes très longs (*La Sirène et l'épervier*) ont été soigneusement adaptés pour faciliter leur lecture à haute voix.
Le texte d'origine, qui a servi de base de réécriture, a été modernisé et condensé.
D'autres contes, issus directement de la tradition orale, ont été au contraire étoffés par l'adjonction de dialogues, par exemple. Notre but est d'offrir aux jeunes auditeurs des histoires drôles ou émouvantes selon le cas, mais toujours agréables à écouter.

Dans cette nouvelle édition de *Mille ans de contes - Mer*, des annexes vous sont proposés en fin d'ouvrage, notamment l'annexe pédagogique et l'atelier créatif.
La première de ces parties permet d'énoncer brièvement les particularités de l'univers marin et les mythes associés.
L'atelier créatif propose des jeux et des activités en bord de mer.

POURQUOI CONTER ?

Ce n'est pas un hasard si l'enfant est tellement avide d'histoires. Pour lui, l'heure du conte est un moment de tendresse, de plaisir et de connaissance : il s'en passe des choses dans les contes ! Parfois, on a même l'impression qu'ils contiennent trop de violence ou d'absurdités. Mais ce n'est là qu'une opinion du vingtième siècle. Depuis toujours, on considère au contraire que les contes sont la base de l'éducation morale.
De nos jours, les psychologues affirment que les contes aident l'enfant à résoudre les conflits affectifs.
Il prendra confiance en lui-même en voyant que Paolo, malgré la toute puissance du dragon, arrive à vaincre le monstre. Certains parents voudraient bannir les personnages qui, selon eux, font peur aux enfants. En fait, ces personnages sont très utiles. Ils permettent de donner un visage à l'angoisse qui étreint parfois les jeunes enfants. Comment dire la peur d'être abandonné, la peur de ne pas être aimé ? L'angoisse est une peur qu'on ne peut pas exprimer. La présence du dragon dans *Paolo et la Reine des mers* permet d'extérioriser cette angoisse. C'est de lui dont on a peur, bien sûr ! Alors on va le fuir, le combattre de cent façons, l'anéantir. Et quand on s'en est débarrassé, on a le cœur soulagé. Parce que le dragon a disparu ? Non, parce que toutes ces grandes manœuvres prouvent à l'enfant que l'adulte tient à lui, qu'il le protège de tous les dangers, en un mot qu'il l'aime.

COMMENT CONTER ?

L'heure du conte, ce n'est pas seulement une histoire que l'on raconte. C'est aussi toute une ambiance que le conteur va créer autour d'un récit en particulier. Pour aider l'adulte à raconter d'une manière vivante et expressive, nous lui proposons, en marge, des changements de voix, de rythme, de ton, qui animeront le récit.
Les enfants adorent les rituels et sont toujours ravis par un peu de mise en scène. Pourquoi s'en priver ?
Les éducateurs peuvent par exemple installer un coin spécial avec les coussins et une lumière atténuée. À la maison, aussi, pensez à l'éclairage : un feu de cheminée ou des bougies créent immédiatement une ambiance magique. Pour jouer le jeu jusqu'au bout, le conteur ou la conteuse peut porter un vêtement particulier, un accessoire (châle, chapeau) et s'installer dans un siège réservé à ce moment. Il existe d'autre part de nombreux fonds musicaux qui n'ont pas été créés pour illustrer des contes mais qui peuvent tout à fait servir de fond d'ambiance.

« Tric, trac, un conte dans mon sac ». Vous pouvez utiliser des formulettes de ce genre qui marquent l'entrée dans l'histoire. À partir de cet instant, l'auditeur et le conteur sont complices dans l'univers du conte, autour d'une parole à la fois simple (par la structure des phrases, par le vocabulaire) et solennelle. Le ton sera différent selon qu'il s'agit d'une histoire d'animaux, d'une légende, d'un conte merveilleux, mais la façon de dire est toujours importante : il faut veiller à parler lentement et clairement, en ménageant des temps de repos, de silence, qui permettent à l'enfant de « digérer » les événements qu'il vient d'apprendre. Pour l'enfant, ce ne sont pas des moments de vide mais d'activité mentale : il réfléchit à ce qu'il vient d'entendre, imagine la suite, savoure telle ou telle situation qui l'intéresse particulièrement.

QUEL CONTE CHOISIR ?

La présentation du recueil est également conçue pour aider l'adulte dans son rôle de conteur. Chaque texte est précédé de renseignements pratiques symbolisés par un dessin :

Âge minimum conseillé pour écouter cette histoire. Il n'y a pas d'âge maximum !

Durée moyenne en lecture continue, c'est-à-dire sans s'interrompre pour donner éventuellement des explications. Libre à l'adulte de jouer avec l'histoire, de la rallonger, de la mimer, d'expliquer...

Une histoire gaie ? Un conte avec un monstre ? Le thème principal de l'histoire est ici mentionné pour vous aider dans votre choix.

Ainsi, d'un coup d'œil, l'adulte peut visualiser si ce conte est adapté à l'âge de l'enfant, et si sa durée correspond au temps dont il dispose. En fin de livre, différents index lui faciliteront le choix.
Le plaisir de conter nous a guidés tout au long de notre travail. Nous souhaitons qu'au fil des années, adultes et enfants ne cessent de partager ce plaisir.

Démons et merveilles

Paolo et la reine des mers

illustré par Violaine Leroy

Adapté d'un conte italien

à partir de 7 ans — *17 minutes* — *Au cœur de la Méditerranée*

Il y a de cela bien longtemps, un vieux pêcheur vivait avec sa femme et ses trois fils au bord de la Méditerranée. Fernando, l'aîné, avait dix-neuf ans, le cadet, Giuseppe, dix-huit et le benjamin dix-sept. Il s'appelait Paolo et, des trois frères, il était sans nul doute le plus brave. Mais la vie dure qu'ils menaient ne leur laissait pas le loisir de se jalouser entre eux : leur misère suffisait ! Pensez donc : combien de fois devaient-ils se partager un hareng ou une sole lors des repas ?
Un soir, un événement bouleversa la chaumière du pêcheur.
Le père en eut assez de voir sa femme et ses enfants se priver sans cesse. Alors, au lieu de traîner sa nasse près de la côte, il rama plus loin

vers le large. Là-bas, thons, morues, turbots, sardines, fourmillaient. L'imprudent ! Ne savait-il pas que trop s'éloigner du rivage, c'était pénétrer dans le royaume du dragon des mers ? Nul ne s'y aventurait sous peine de périr noyé ou dévoré car le monstre ne tolérait personne sur son territoire. N'y risquaient leur peau que les fous ou les désespérés ! Et désespéré, le brave pêcheur l'était. Il rama des heures durant ; sa barque filait sur l'eau dormante. Là-haut, la lune luisait comme une montre d'argent. Une fois les côtes disparues, le vieil homme jugea bon de s'arrêter. « Espérons que je ne sois pas venu pour rien », pensa-t-il.

À peine avait-il jeté son filet que les flots se mirent à écumer autour de lui. Il regarda de tous les côtés, redoutant le pire. Le malheureux ! En moins de temps qu'il n'en faut pour le dire, les vagues se soulevèrent et dans un grondement effroyable, le fameux dragon apparut. Quelle créature monstrueuse ! Il était aussi gros que deux baleines. Au bout de son cou, plus long qu'un mât de navire, sa tête de varan géant tournoyait dans les airs. Et ce n'était pas tout : lorsqu'elle ouvrit sa gueule, la bête immonde dévoila des rangées de dents acérées et redoutables. Elle fixa le pêcheur et ses deux gros yeux rouges étincelèrent dans la nuit.

– Tu oses pêcher dans mes eaux, misérable mollusque ! rugit le dragon. Fais ta prière, ta dernière heure est venue !

Le souffle de sa voix rida la surface de la mer. L'homme tomba à genoux

au fond de sa barque. Il supplia, expliqua sa triste histoire. Alors, le dragon s'apaisa et dit :
– Tu as trois fils, bien ! Je te laisse la vie sauve à la seule condition que tu envoies l'un d'eux à mon service. Si tu tiens parole, chaque soir tu pêcheras ici autant de poissons que tu voudras. Mais ne me trompe pas, sinon…
Le mugissement qu'il poussa en disait long. Puis il disparut dans les profondeurs. Le pêcheur revint à sa chaumière plus désespéré qu'avant son départ. Sur la plage, les trois garçons guettaient son retour depuis longtemps. Grande fut leur joie de le voir sain et sauf, les bras chargés de poissons. Mais leur père, loin de se réjouir, avait l'air affligé et le regard lointain.
– Que s'est-il passé ? s'inquiéta son fils aîné.
Le vieil homme hésita puis finit par lui conter son aventure. Fernando le rassura et promit de partir sur le champ pour entrer au service du dragon.
– Dors tranquille. Tout ira bien.
Le pêcheur se sentit soulagé, mais il trouva difficilement le sommeil tant il avait des remords.
À l'aube, Fernando gagna la côte. Il n'avait pas encore foulé le sable de la plage, qu'une angoisse insurmontable l'étreignit. Il renonça à affronter le dragon et se prostra dans une brèche de la falaise où il resta caché le reste de la journée. Au crépuscule, il retourna chez lui.
En l'apercevant, son père bondit de joie et se précipita vers lui :
– Ô mon garçon, quel bonheur de te savoir indemne. Comment t'y es-tu pris pour que ce satané dragon te libère ?
Fernando n'osa pas avouer sa couardise ; il inventa une histoire montée de toutes pièces et expliqua comment le dragon avait apprécié son dévouement et l'avait laissé partir en témoignage de sa reconnaissance.
Le brave pêcheur retrouva sa joie de vivre. Cet heureux dénouement lui avait donné des ailes et il reprit aussitôt la mer. Sa barque filait à

vive allure. La coque fendait les vagues tandis que ses rames semblaient voler. Il stationna son bateau là où il avait l'habitude de pêcher, mais à peine avait-il jeté son filet à l'eau, que le ciel s'assombrit. Au même moment, les vagues se gonflèrent dans un fracas assourdissant. À plusieurs reprises sa frêle embarcation faillit chavirer. Soudain, surgi des profondeurs, le dragon apparut, plus gigantesque que la première fois. Il écumait de colère.

– Maudit sois-tu, pêcheur sans parole ! Tu m'as trahi. Je t'ai fait faire une pêche miraculeuse, mais tu ne m'as rien donné en échange. Ma vengeance sera impitoyable !

Terrorisé, le pauvre homme se prosterna devant le monstre. Il balbutia d'une voix tremblante qu'il avait pourtant respecté son engagement et lui avait envoyé son fils aîné. Le dragon n'en crut pas un mot. Il eut cependant pitié de ce misérable pêcheur qu'il aurait pu anéantir d'une pichenette. Il déclara d'un ton sarcastique :

– Va pour cette fois. Je serai magnanime ; je te laisse encore une chance. Relève ton filet : les poissons y frétillent par centaines. Mais avant de rentrer chez toi, jure-moi de m'envoyer ton fils aujourd'hui même. Et si jamais tu oses me défier à nouveau en n'honorant pas tes promesses, je te réduirai en cendres.

Lorsqu'il arriva chez lui, le pêcheur était plus effondré que la veille. Son fils cadet vint à sa rencontre. Il se demanda ce qui pouvait désespérer son père de la sorte pour qu'il revienne la mine si dépitée, après une journée de pêche aussi fructueuse.

Lorsque le marin lui eut raconté son infortune, Giuseppe s'empressa de le réconforter :

– Ne t'inquiète pas, je pars de ce pas au royaume du dragon. Je ne suis pas aussi lâche que mon frère. Tu peux compter sur mon courage. Je servirai fidèlement cet affreux monstre et tout s'arrangera.

Tandis que le pêcheur s'endormait, son fils cadet se dirigea vaillamment vers la mer. Quand il atteignit la grève, il appela :

– Ohé, dragon des mers ! Je me présente, Giuseppe, pour vous servir.

L’écho de ses paroles résonnait encore lorsque les vagues se déchirèrent, laissant jaillir l’ignoble créature.

Devant ce monstre abominable, l’intrépide Giuseppe resta muet d’épouvante. Puis, ayant repris son souffle, il fit demi-tour et courut à toutes jambes se réfugier dans les bois. Tapi au fond d’un épais taillis, il laissa passer trois jours et trois nuits avant de quitter sa cachette. Il se résigna enfin à rentrer chez lui. Mais, honteux, il dissimula la vérité et, avec moult détails, il expliqua comment il s’était acquitté de sa tâche. Il prétendit même que le dragon, loin d’être aussi cruel qu’il en avait l’air, l’avait traité avec bienveillance et relâché sans tarder.

Rasséréné, le pêcheur sauta dans sa barque et partit à la pêche. Comme à l’accoutumée, il mit ses filets à l’eau. Mais il n’avait pas encore lancé le dernier que la mer se déchaîna et commença à bouillonner. Les vagues s’ouvrirent sur un gouffre sans fond. Le dragon en sortit, les narines dilatées et fumantes.

– Te revoilà, maudit pêcheur ! Non content de m’avoir trompé à nouveau, tu viens me narguer sans vergogne. Je vais couler ta barque et te réduire en écume !

– Je t’en supplie, ô vénérable maître ! Que puis-je faire de plus que d’envoyer mes deux fils à ton service ?

– Nom d’un poisson-torpille ! Je n’ai jamais vu personne oser me mentir avec un tel aplomb, rétorqua le dragon dans un accès de fureur. Veux-tu me faire croire que tu ignores

la poltronnerie de tes deux fils ? Aucun n'est venu jusque dans mon royaume : le premier s'est enfui avant même de m'apercevoir. Quant au second, certes plus téméraire, il a détalé dès que je me suis montré. Mais tu n'y es pour rien, je veux bien en convenir. Je t'accorde donc une dernière chance. Envoie-moi ton plus jeune fils et je te promets de remplir tes filets tous les jours.

Sur ces mots qui claquèrent aux oreilles du pêcheur comme un fouet meurtrier, le monstre sombra dans la mer qui se referma sur lui.

Paolo attendait son père sur le seuil de la maison. Lorsqu'il vit son air accablé, il lui demanda :

– Que se passe-t-il ? Que signifient ces changements d'humeur et ces accès de désespoir ?

D'une voix ternie par le malheur, le pêcheur avoua tout à son cher fils.

– Il est temps de retrouver le sourire, répondit Paolo. Aie confiance, mon père. Si cela nous assure une vie meilleure, j'irai chez le dragon et je ne me défilerai pas. Il sera content de mes services et bientôt, tu seras fier de me voir revenir parmi vous.

Les yeux noyés de larmes, son père le prit dans ses bras. Le plus jeune fils dit adieu à sa mère, et sans plus tarder, partit vers la mer. Il entra dans l'eau jusqu'à mi-cuisse puis cria :

– Ô puissant seigneur, montre-toi ! Je suis prêt à te servir !

Subitement, le vent se leva, la mer devint comme folle et, plus horrible que jamais, le monstre surgit hors des vagues déchaînées :

– Est-ce toi que ton père m'envoie ? Tu es aussi frêle qu'une étoile de mer ! Soit ! Grimpe sur mon dos et accroche-toi, nous partons !

Paolo s'exécuta mais avant qu'ils ne disparaissent dans les flots, il dit :

– Comment pourrai-je vivre dans ton royaume ? Je ne suis pas un poisson !

– Tu me connais décidément bien mal, petit homme !

En effet, une fois dans l'eau, Paolo continua à respirer comme si de rien n'était. Par les tentacules de la pieuvre, ce dragon avait de sacrés

pouvoirs ! Il nagea jusqu'au plus profond de la Méditerranée et bientôt, Paolo distingua un gigantesque palais de corail, bordé de sable blanc. Quelle splendeur ! Comment une créature aussi épouvantable que le monstre marin pouvait-elle habiter une pareille demeure ?
Le fils du pêcheur visita les lieux en compagnie de son nouveau maître qui lui déclara :
– Je te confie l'entretien de mes écuries et de mes hippocampes géants. Ce sont les plus belles montures de toutes les mers du monde. Veille bien sur eux.
Les jours, les mois passèrent. Ma foi, Paolo se débrouillait. Il travailla si consciencieusement qu'il acquit la confiance du dragon. Un soir, ce dernier lui tint ce discours :
– Je dois rejoindre mon frère dans le Pacifique. Prends ce trousseau de clefs ; chacune ouvre les mille et une chambres de mon palais. Tu y feras le ménage pendant mon absence. Mais surtout, ne te sers jamais de la clef d'or qui ouvre la dernière porte, tu entends ? Gare à toi si tu me désobéis !
Paolo s'inclina respectueusement :
– Ai-je jamais manqué à ma parole ?
Le dragon ne répondit pas et quitta son domaine.
Dès le lendemain, le garçon se mit à l'ouvrage mais le château était tellement immense qu'il n'en finissait jamais. Soit il se perdait dans le dédale des innombrables couloirs, soit il découvrait sans cesse de nouvelles pièces.
Un matin, il s'aventura dans une partie du palais plus richement ornée que les autres. Il n'y avait jamais mis les pieds. Cependant qu'il passait devant une porte, il lui sembla entendre des pleurs. Il tendit l'oreille. Pas de doute, la plainte venait de derrière cette porte ! Vite, il saisit son trousseau et plongea une clef dans la serrure. Ce n'était pas la bonne, alors il en essaya une deuxième, puis une troisième… Et ainsi de suite jusqu'à ce qu'il ne lui reste entre les doigts que la clef d'or… De l'autre côté, les pleurs redoublaient. Paolo se souvint des recommandations de

son maître, mais la tentation fut la plus forte… et il glissa la dernière clef dans la serrure. Nom d'un requin bleu ! Elle allait comme un gant. Il vit encore une fois le visage menaçant du dragon, mais il ne résista point. La porte s'entrouvrit. Paolo, prudent comme une écrevisse, faufila sa tête à l'intérieur…

La chambre entière resplendissait : les meubles, les tapis, les fauteuils, les tapisseries, le lit à baldaquin, tout était d'or ! Pourtant, Paolo fut charmé par bien autre chose…

Sur le lit, était assise une jeune fille belle comme le jour ! Sa peau était blanche comme le lait, ses yeux avaient la couleur de l'azur et sa longue chevelure blonde ondulait jusqu'à ses pieds. Prise de panique, l'inconnue se dissimula derrière un fauteuil.

– N'aie pas peur, murmura Paolo.

Sa voix calme la rassura :

– Tu n'es pas un compère du dragon ? demanda-t-elle.

– Oh, non ! rit le garçon. Je suis son esclave. Mais dis-moi plutôt qui tu es.

– Je suis Laura, la reine des mers. Jadis, le dragon me voulut pour femme. J'ai eu le malheur de refuser. Il est cruel et si laid ! Depuis, je suis enfermée dans cette prison dorée n'ayant plus que mes yeux pour pleurer.

– Ton calvaire est terminé, Laura ! lança Paolo. Sauve-toi tant qu'il en est encore temps !

– Mais il te tuera quand il me saura enfuie !

– Par la corne du narval, je trouverai bien un moyen de me défendre !

– D'un coup de dent il te déchiquettera !

Vraiment, Paolo n'avait pas le choix. La seule solution était de s'enfuir.

– Mais comment lui échapperons-nous ? s'inquiéta-t-il. Il nage aussi vite que le guépard galope !

– J'ignore d'où tu viens mais tu manques singulièrement de magie ! sourit Laura. Regarde !

Elle tira de sa chevelure une épingle avec laquelle elle se piqua le doigt. Deux gouttelettes de sang perlèrent aussitôt. À peine la première avait-elle touché le sol qu'elle se transforma en un quadrige marin. La seconde se changea en un attelage de quatre dauphins. Paolo et la reine des mers montèrent dans le char et les dauphins, pareils à des chevaux fougueux, s'élancèrent hors du palais.

Le royaume de Laura était de loin le plus beau.
Imaginez le fond de la mer recouvert d'une mousse verdoyante, jonchée de perles d'huîtres et de panaches d'algues roses, orangées et jaunes ! Au milieu de ce décor somptueux, le palais tout de nacre et d'albâtre aurait fait pâlir de jalousie n'importe quel roi sur terre.
La reine s'exclama :
– Dans notre hâte, tu ne m'as pas dit ton nom, ô mon sauveur.
– Paolo, pour vous servir, Altesse.
– Eh bien Paolo, tu es ici chez toi ! Satisfais tes désirs. Au royaume de Laura, tous ses amis sont rois ! Mais si tu désires repartir auprès des tiens, rien ne t'en empêche.
Paolo y songea, mais chaque jour qu'il passait en ces lieux paradisiaques lui ôtait l'envie de s'en aller. Tous les soirs, des fêtes étaient données en l'honneur des nymphes, demoiselles d'honneur de Laura. Pour les ravir, les espadons rivalisaient d'élégance ou se battaient en duel, puis

le bal les emportait dans une féerie d'écume. Le chant des baleines résonnait dans les moindres recoins du palais ; sieur homard et dame crabe dansaient gaiement ; le requin blanc riait de toutes ses dents chaque fois que le poisson-chat lui chatouillait les ailerons avec ses moustaches. Même les murènes, gardiennes du royaume, étaient conviées aux réjouissances.

À l'écart du tumulte, Paolo se promenait sur les sentiers de corail avec Laura. Il lui racontait comment les gens vivaient là-haut. Il lui avoua aussi qu'il n'avait jamais rencontré sur terre une jeune fille plus ravissante que la reine des mers. Laura rougit du compliment mais depuis quelque temps déjà, elle sentait une grande passion monter en elle. Paolo était si généreux et si beau !

Que voulez-vous, l'amour n'a pas de frontières, même pas celle de la mer. Un mois après, on célébrait le mariage des deux jouvenceaux. Paolo devint un roi aimé et heureux car dans son royaume point de guerre, ni de révolution !

Un an passa ainsi, puis deux, puis trois. Mais, au bout de sept années, cette douce existence fut troublée…

Paolo déambulait dans son palais, l'âme en peine : ses parents lui manquaient. Fernando et Giuseppe aussi.

– J'ai honte de n'avoir rien fait pour les miens alors qu'ils étaient si pauvres ! confia-t-il à son épouse. Je voudrais revoir mon père et ma mère avant qu'ils ne meurent. J'apporterai de l'or à mes frères. Qui sait ce qu'ils sont devenus ?

– Fais selon ton bon cœur, se résigna Laura.

Mais le désir de Paolo la remplissait de chagrin.

– Depuis que tu vis parmi nous, continua-t-elle, tu ne connais que paix et sérénité. Sur terre, les dangers t'attendent. Et il n'y a qu'une seule chose dont je ne puis te préserver, c'est de l'ingratitude des hommes. Alors, attention… Car si au bout de trois jours tu n'as pas rejoint notre palais sous-marin, tu risques fort de m'oublier.

Et elle ajouta dans un murmure… « à jamais ».

Elle claqua des doigts et une conque apparut dans ses mains :
– Garde précieusement ce coquillage magique, dit-elle, il te rappellera le son de ma voix quand tu l'approcheras de ton oreille. Et si jamais il t'arrive malheur, tu n'auras qu'à souffler mon nom en son creux et je viendrai aussitôt à ton secours. Hélas, je crains que le dragon n'ait pas oublié le mauvais tour que tu lui as joué. Il se peut qu'il tende des pièges en travers de ton chemin.
Laura tira de ses cheveux une épingle qui se changea en épée :
– Personne ne résistera à la lame tranchante de ce glaive, pas même le dragon.
La jeune femme embrassa son époux. Les serviteurs préparèrent le quadrige et y chargèrent un coffre rempli d'or. Armé d'objets magiques et de son courage, Paolo cingla vers la surface.
Les dauphins nagèrent si vivement que déjà, le territoire du dragon était en vue. Le jeune homme croisa une sirène assise sur un rocher :
– Dis-moi, ne serais-tu pas le roi des océans ? lui demanda-t-elle.
Surpris, Paolo acquiesça.
– Permets-moi alors d'honorer ta venue en te chantant ma plus douce mélodie.
Mais Paolo connaissait la cruauté des sirènes : c'eut été finir en chair à pâté que de tomber sous le charme de son chant ! Il se boucha les oreilles et s'éloigna le plus rapidement possible.
Malheureusement, le dragon avait plus d'un tour dans son sac. Écoutez plutôt : alors que la nuit tombait, Paolo aperçut une lueur aveuglante à l'horizon. Il fut stupéfait. « Quel est ce prodige ? » se demanda-t-il. « Le soleil vient de se coucher ! » Mais ce qu'il avait pris pour l'astre solaire s'avéra être un géant de feu. Perché sur un îlot, il projetait des nuages de flammes dans toutes les directions.
– Je vais te transformer en friture ! hurla-t-il.
À peine avait-il achevé sa phrase que les dauphins, croyez-le si vous le voulez, s'élevèrent dans les airs et entraînèrent le quadrige au-dessus du souffle sulfureux du géant. Paolo l'avait échappé belle. Mais le

lendemain fut une autre histoire : le dragon vint régler ses comptes lui-même :

– Traître ! vociféra-t-il. Je te retrouve enfin. Tu as échappé à deux de mes gardiens, mais tu ne perds rien pour attendre !

Et, gueule béante, il s'élança sur les flots. Paolo brandit son épée et une lutte sans merci s'engagea. L'arme entailla la carapace du monstre, la mer se teinta de rouge, l'écume jaillissait de partout. Le glaive s'abattait avec une force et une rapidité infernales. Si bien que l'horrible pachyderme battit en retraite pour ne pas finir en rondelles ! Cette fois-ci, la route était libre. Les dauphins nagèrent encore une nuit et une journée. Au soir de ce jour-là, Paolo atteignait la côte. Sept ans, voilà plus de sept ans qu'il n'avait pas revu ces rivages, ces rochers, cette plage ! Il prit le coffre sous le bras et marcha vers sa chaumière en laissant le quadrige derrière lui. Son cœur battait la chamade. Il poussa la porte doucement. Rien n'avait changé, la misère hantait toujours l'humble demeure. Près de l'âtre, une vieille femme, courbée comme un roseau sous le vent, attisait un feu de brindilles. Sa mère ! Elle ne reconnut pas son fils sur le seuil de la porte. Paolo n'eut pas le temps de dire un mot, deux hommes s'approchaient du logis. Soudain, Fernando et Giuseppe, les bras chargés de bois, entrèrent dans la chaumière :

– Paolo ! s'écria l'aîné.

Son frère et sa mère regardèrent l'inconnu. Mais oui, c'était lui ! Ils l'embrassèrent, pleurèrent, restèrent de longs instants sans rien dire. Puis Paolo demanda :

– Où est notre père ?

– Il nous a quittés l'an passé, dit Giuseppe. Ton

absence fut pour lui une souffrance sans bornes. Nous te croyions mort !

Paolo baissa la tête.

– Ne t'accable pas, mon fils.

Sa mère le réconforta.

– Maintenant tu es là ! Raconte-nous ce qui s'est passé.

– Je me suis enfui de chez le dragon, au bout de quelques mois. Laura, la reine des mers, que j'avais délivrée des griffes du monstre, m'a accueilli dans son royaume et nous nous sommes mariés voilà sept ans. Si vous saviez comme la vie est agréable là-bas. Mais j'y pense, j'ai un cadeau pour vous !

Il ouvrit le coffre : l'or fascina tous les regards.

Pauvre Paolo ! Sa générosité l'aveuglait ; l'or fit tourner la tête de ses frères qui ne lui avaient jamais pardonné son courage.

Harassé par le voyage qu'il venait d'accomplir, Paolo se coucha et dormit comme une souche. Fernando et Giuseppe en profitèrent et se précipitèrent sur la plage.

– Te rends-tu compte, frérot ? dit Fernando. Pourquoi se contenter de simples pierreries ? Partons sur l'heure chercher fortune chez Laura. Les dauphins sauront bien nous y conduire.

Giuseppe s'empara de l'épée et de la conque, puis les jeta à l'eau. « Inutile de s'embarrasser d'objets encombrants », pensa-t-il. Comme son frère, il était aussi sot que cupide. Avaient-ils oublié le terrible dragon ? Toujours est-il qu'ils embarquèrent sur le quadrige en pleine nuit. Mais, au petit matin, il n'y avait plus personne à son bord…

Le voyage et les émotions avaient exténué Paolo. Les trois jours que lui avait accordé Laura étaient écoulés quand il se réveilla enfin. Il n'était plus le même homme. C'est comme si le sommeil avait lavé sa mémoire. Il avait tout oublié des sept ans passés sous les mers. Il ne se souvenait plus de sa tendre Laura. Même sa mère lui était étrangère. Il passait ses journées à errer sur le sable, ramassant de temps à autre des coquillages.

Un matin, alors qu'il arpentait la grève, solitaire et sans but, une vague déferla à ses pieds, déposant une conque nacrée. Paolo se baissa pour la ramasser et la porta machinalement à son oreille. Un souffle étrange s'échappa du coquillage, diffusant une voix mélodieuse :

– Que deviens-tu, mon cher disparu ? Voilà bientôt sept mois que j'attends ton retour. Ô Paolo ! Je t'en prie, reviens-moi ou je mourrai de chagrin. Où que tu sois, réponds à mon appel. C'est moi, Laura.

Au son de ces paroles, la mémoire revint à Paolo comme par enchantement. Il se souvint de sa douce épouse et murmura au creux de la conque :

– Laura ! J'ai besoin de ton aide pour revenir chez nous.

Puis il alla chercher sa mère pour l'emmener avec lui. Jamais plus il ne la laisserait vivre seule ! Il guetta les flots mais ce fut du ciel que vint le salut. Un aigle royal se posa sur un rocher et lui dit :

– Laura m'envoie te secourir, ô Paolo, notre roi.

Pour aller plus loin

Comme toutes les mers du globe, la Méditerranée a inspiré des figures légendaires et des récits fabuleux. Elle abrite des créatures étranges et au diable la vraisemblance ! Place au rêve…

La Sirène et l'épervier

illustré par Sébastien Chebret

à partir de 7 ans — *13 minutes* — *Un enfant pour une sirène*

Avoir six enfants à nourrir c'est déjà beaucoup. Imaginez-vous alors ce pêcheur breton, Brendan et sa femme Armelle qui allaient bientôt être parents pour la septième fois. Un bout de chou, cela met de la gaieté dans une chaumière me direz-vous. Mais tout de même ! Les bonnes pêches étant aussi rares que des cheveux sur le crâne d'un chauve, autant dire que cet enfant serait élevé à la dure.
Mais Brendan ne baissait jamais les bras. De toute façon, ce n'était pas le moment ! Il alla en mer deux fois plus souvent, y resta des nuits entières. Hélas, ses efforts ne furent pas récompensés. Jusqu'à ce soir-là...

Brendan pêchait depuis maintenant six heures. Rien. Même pas une sardine ! Pourtant, sur les coups de onze heures, il crut bien que la chance lui souriait enfin. Il put à peine hisser son filet à bord de sa barque :
– Par les ailes de l'albatros ! Il y a de quoi manger pour un mois cette fois-ci !
Mais quand sa prise lui apparut, il sursauta : une sirène s'était emmêlée la nageoire et les bras dans les cordages. Voilà pourquoi le filet pesait autant !
– C'est bien ma veine ! maugréa Brendan. Ça ne se mange pas, une sirène, que je sache !
À ces mots, la femme-poisson se dressa sur sa queue et dit :
– Si tu me remets à la mer, je te ferai prendre autant de poissons que tu voudras.
– Au point où j'en suis... pensa le pêcheur. Nous verrons bien !
Une fois la sirène à l'eau, Brendan, tenté par la promesse, jeta sa nasse ; il la remonta pleine à craquer de turbots, de conques, de sardines et de harengs.
– Mille fois merci, ô sirène. Tu m'as rendu un grand service. Mes six enfants vont manger à leur faim grâce à toi.
– Tes sept enfants tu veux dire, reprit la sirène. Ta femme a mis au monde un fils depuis peu.
Le pêcheur bondit de joie.
– Comment vont-ils ?
– Ils se portent bien, rassure-toi. Mais avant de les rejoindre, promets-moi de m'apporter ton enfant pour que je l'embrasse. Tu n'auras pas à le regretter.
Brendan donna sa parole.
Jamais il ne mit si peu de temps pour rejoindre le rivage. Là, il chargea son filet sur son dos et regagna sa chaumière. Ses enfants, excités comme des puces, firent une ronde autour de lui. Vite, le pêcheur se précipita au chevet de sa femme. Emmailloté dans les langes, son bébé dormait à poings fermés.

– Il est né sous une bonne étoile, lança Armelle. Ta pêche est miraculeuse cette nuit !
– C'est grâce à la sirène, sourit son mari.
Son épouse haussa les sourcils.
– La sirène ?
– Oui, elle m'a juré qu'elle m'aiderait à pêcher dorénavant, mais elle m'a promis plus encore si je lui apporte notre fils.
– Tu n'y penses pas ! protesta Armelle. Et si elle le gardait ?
– Sois sans crainte, rétorqua Brendan. Elle désire juste l'embrasser. Et puis, je lui dois bien ça, non ?
– Soit. Mais nous devons d'abord donner un nom à notre bébé. Si nous l'appelions Yvan ?
– Va pour Yvan, acquiesça le pêcheur.
Puis il prit sa progéniture dans les bras et partit vers la plage.
La sirène l'attendait, le corps à moitié dissimulé dans l'eau de mer. Brendan entra dans l'eau jusqu'à mi-cuisses et lui présenta le nourrisson.
– Comme il est beau, s'exclama-t-elle.
Elle lui baisa le front, puis elle tendit au père une pièce d'or :
– Place-la sur la pierre du foyer, dit-elle, et demain, du lever au coucher du soleil, des milliers de pièces d'or pleuvront dans ta cheminée.
Brendan ne trouvait pas les mots pour la remercier. Hélas, la générosité de la sirène cachait quelque intérêt. Seule sous les flots, elle rêvait d'un fils et celui du pêcheur était si mignon !
– Ton enfant m'appartient désormais, donne-le-moi !

– Jamais de la vie ! s'indigna Brendan.
Furieuse, la sirène tenta de lui ravir le bébé, mais en vain. Le pêcheur sortit de l'eau et courut jusqu'à sa chaumière. Il l'avait échappé belle !
La sirène, rouge de colère, disparut dans les flots en maudissant le pêcheur ingrat.
– Tu ne m'échapperas pas toujours ! lui cria-t-elle.
Brendan conta sa mésaventure à Armelle. Tous deux se promirent de veiller à ce que leur petit Yvan n'approche jamais la mer. Certainement, la sirène voudrait s'en emparer à la première occasion. Puis le pêcheur sortit de sa poche la pièce d'or et la posa dans l'âtre de la cheminée.
– Que fais-tu ? s'étonna sa femme.

– La sirène m'a fait don de cette pièce magique : elle peut en faire pleuvoir d'autres !...
À ces mots, tout le monde se coucha.
Au petit matin, Brendan se réveilla en sursaut. Cling ! Cling ! Cling ! Il se précipita vers la cheminée. La sirène ne lui avait pas menti, une pluie d'or tombait !
– Hourra ! s'écria le pêcheur. Venez voir !
Ses enfants encore tout endormis s'approchèrent de leur père. À la vue de tant d'or, ils sautèrent comme des cabris et chantèrent leur bonheur. Ce fut la fête dans la chaumière. Et pendant tout le jour, on amassa les pièces dans les armoires, sur les étagères, dans les sacs.
Le lendemain, Brendan partit pour Lannion, la ville voisine. Il en revint avec une charrette pleine de pain, d'épices, de viande, de fruits, de barriques...
Quelques jours plus tard, il acheta une maison en retrait dans les terres.
– Ainsi, Yvan sera loin de la mer, pensa-t-il.
Le petit dernier, comme ses frères et ses sœurs, étudia à l'école de Lannion. Il était un écolier sage et brillant, ce qui lui valait les félicitations de ses maîtres. Le jour de ses dix-huit ans, il tint ce discours à ses parents :

–Depuis que je suis né, je n'ai jamais rien vu d'autre que la région. Je ne connais même pas la mer ! Je veux voyager, naviguer…
–Surtout pas, coupa Armelle.
–Pourquoi donc, maman ? demanda le jeune homme, étonné.
La question mit sa mère dans l'embarras.
–Vois-tu mon fils, la mer est aussi dangereuse que belle. Il suffit d'une tempête et c'est le naufrage. Or je ne survivrai pas s'il t'arrivait malheur. Je t'en prie mon petit, écoute ta vieille mère.
Yvan avait bon cœur.
–Je t'obéirai, assura-t-il.
Puis il fit ses adieux et prit la route sur son cheval.
Une nouvelle vie commençait. Yvan visita l'arrière-pays breton, traversa les grandes villes, rencontra des gens. Il était aux anges !
Un jour qu'il traversait un bois, il entendit des cris d'oiseaux. La plainte provenait d'une clairière. Le jeune homme descendit de cheval et s'approcha. Quelle ne fut pas sa surprise de voir un épervier ! Le malheureux, attiré par un appât, s'était pris la patte dans un piège à renard.
–N'aie pas peur, bel oiseau.
Yvan ouvrit la redoutable mâchoire métallique et prit l'épervier dans ses mains :
–Ce n'est rien, juste une légère blessure. D'ici deux à trois jours, tu voleras comme si de rien n'était.
Le brave garçon prit soin de l'oiseau : il soigna sa plaie et le nourrit de graines et de petits mammifères. Rapidement, l'épervier recouvra ses forces et avant de s'envoler dans les airs, il remercia son sauveur :
–Homme, dit-il, tu m'as sauvé la vie. Tout autre que toi m'aurait abandonné à mon triste sort. Pour te remercier, je t'accorde la faculté de te changer en épervier.
–Merci à toi, noble oiseau. Depuis là-haut le monde doit être plus beau.
–Et surtout moins dangereux, plaisanta l'épervier.

À ces mots, il prit son envol et disparut dans les nuages. Yvan, heureux de son nouveau pouvoir, se remit en selle.
Son voyage le mena à Paris. Il fit halte dans une hostellerie, face au palais du roi. Depuis sa chambre, le jeune homme contempla l'édifice royal, ses colonnes sculptées, ses statues de marbre… Soudain, il croisa le regard d'une jeune fille belle comme un ciel d'été. C'était la princesse. Derrière sa fenêtre, elle remarqua qu'Yvan l'observait. Tous deux se dévisagèrent timidement puis, allez savoir pourquoi, ils se fixèrent amoureusement. Le fils du pêcheur, à qui un simple regard ne suffisait pas, voulut approcher l'inconnue. Mais comment faire ? Jamais les gardes ne l'autoriseraient à pénétrer dans le palais ! C'est alors qu'il se souvint des paroles de l'épervier.
– Mais oui ! s'exclama-t-il.
Et il dit tout haut :
– Je souhaite être un épervier.
Aussitôt dit, aussitôt fait. Et Yvan de s'envoler à tire-d'aile vers le balcon de sa belle voisine.
Il se posa près de la fenêtre et tac ! tac ! tac !, cogna au carreau avec son bec. La jeune fille fut enchantée :
– Quel magnifique oiseau ! Il n'a pas l'air très farouche.

Elle ouvrit sa fenêtre et tendit la main.
–Viens, allons, n'aie pas peur.
Vous pensez bien que Yvan ne se le fit pas dire deux fois. Comme il l'espérait, on le mit dans une volière au beau milieu de la chambre de la princesse. Yvan eut même droit à la visite du roi en personne :
–Prenez garde, dit-il à sa fille, c'est un épervier. Ses serres sont plus aiguisées que des sabres et son bec est plus dur que la pierre.
–Mais son cœur est doux comme la soie, continua la princesse. Il s'est laissé caresser sans opposer la moindre résistance, aussi ai-je décidé de l'apprivoiser. Sa compagnie sera la plus charmante qui soit !
Jusqu'à la tombée de la nuit, Yvan n'ouvrit pas le bec. Mais lorsque son hôtesse royale se fut couchée, il murmura :
–Princesse, voudriez-vous ouvrir la porte de ma cage, s'il vous plaît ? Les ailes me démangent !
Surprise, la jeune fille demanda :
–Qui parle ? Est-ce toi, l'oiseau ?
–Oui.
–Mais comment est-ce possible ?
–Regardez !
Yvan reprit sa forme humaine.
–Je me suis transformé en épervier afin d'arriver jusqu'à vous, expliqua-t-il.
La princesse reconnut en lui celui qui l'avait regardée si tendrement.
–Qu'est-ce qui t'a pris de venir jusqu'ici, jeune imprudent ? se reprit-elle. Si jamais mon père te sait ici, il te fera donner cent coups de fouet !
–Comment le saurait-il ? sourit Yvan. Pour tout autre que vous je ne serai qu'un épervier.
Ainsi, il devint oiseau le jour et homme la nuit.
Ce jeu plaisait beaucoup à la princesse. La vie au palais était si monotone qu'elle s'accommoda fort bien de la présence de ce jeune homme étrange. À tel point, qu'elle ne sortit presque plus de sa chambre. Au bout d'une semaine, son père s'inquiéta :

– Depuis que vous possédez cet oiseau, je ne vous vois plus mon enfant. Serait-ce sa compagnie qui vous éloignerait de la Cour ?
– Oui père.
– Cela ne peut plus durer ! Que l'on chasse cet épervier de mon palais !
– Non, supplia la princesse, ne me l'enlevez pas ! C'est mon seul ami !
– Votre seul ami ! Que me chantez-vous là ? s'étonna le roi.
Sa fille avoua le secret :
– Cet épervier est un jeune homme qui m'aime et qui s'est transformé en oiseau pour m'approcher ! C'est un être charmant et très doux.
– Que dites-vous ? s'indigna son père. Il est hors de question que vous gardiez cet épervier plus longtemps. Gardes ! Transportez la volière dans mes appartements et surveillez-la !
Ainsi en avait décidé le roi.
Mal lui en prit. Sa fille se fit encore plus rare lors des soirées. Et pour cause : privée de son ami, elle tomba malade. Son état s'aggravait chaque jour davantage. Tellement que son père vint à son chevet :
– Votre oiseau vous manque à ce point ? demanda-t-il.
– Plus que lui, c'est le jeune homme qui en a pris la forme que j'aime.
– Est-ce à dire que vous voudriez l'épouser ?
– Assurément cela me sauverait, mon père.
Le roi n'eut pas le choix : il fit libérer Yvan et ordonna le mariage.
Hélas, cette union ne fit pas que des heureux. Le fils du roi de Pologne qui se mourait d'amour pour la princesse ne supporta point qu'un vulgaire fils de pêcheur en devienne l'époux. Pour se venger, il rechercha l'amitié de Yvan et lui proposa un voyage en mer. Ce que le nouveau gendre du roi accepta avec joie.
Malheur ! Avait-il oublié le souhait de sa mère Armelle ? Toujours est-il que, quelques jours plus tard, Yvan montait à bord d'un somptueux vaisseau ancré dans le port de Brest. Une fois au large, le prince de Pologne, appuyé sur le bastingage, appela :
– Yvan, venez voir ce dauphin !

Le jeune home accourut et à peine se penchait-il que le prince le poussa violemment par-dessus bord.

– Tu ne mérites pas la princesse, cria-t-il. C'est une sirène qu'il te faut !

Et l'ignoble personnage éclata de rire.

Mais, à propos de sirène, écoutez ce qu'il advint de ce malheureux Yvan.

Lorsqu'il eut disparu dans l'écume, une sirène le sauva de la noyade. Mais pas n'importe laquelle : celle-là même qui avait voulu le voler à son père alors qu'il n'était qu'un bébé.

– Enfin tu me reviens, Yvan, dit-elle. Cela fait si longtemps que je t'attends.

Elle l'entraîna au fond de l'océan, dans une grotte où il put se mouvoir et respirer comme sur terre. Pendant deux années, Yvan resta prisonnier de la sirène. Il avait beau la supplier de désirer revoir la lumière du jour, elle refusait de le laisser partir. Si bien que le jeune homme se mit à dépérir de désespoir. La sirène, craignant de le perdre, consentit à le laisser refaire surface pour respirer l'air. Mais à peine l'avait-elle mené au-dessus de l'eau qu'il se transforma en épervier et s'envola sous son nez.

– Par les tentacules de la pieuvre ! hurla la sirène. Il m'a bernée comme une sardine !

Folle de rage, elle fit déferler des vagues gigantesques sur le rivage.

Pendant ce temps, Yvan filait vers Paris. Là-bas, il s'étonna de la grande agitation qui régnait dans les rues :

– Que se passe-t-il ? demanda-t-il à un passant.

– La princesse se marie demain.

– Elle n'était pas déjà mariée ?

– Si, mais son époux s'est noyé voilà deux ans. Notre roi a convaincu sa fille d'abandonner le deuil et de se remarier avec le prince de Pologne.

Yvan se retint pour ne pas crier sa colère. Il avait mieux à faire. Avec les quelques pièces d'or que lui avaient données ses parents avant son départ, il s'acheta des vêtements dignes d'un souverain. Il était si richement vêtu que chacun s'écartait pour le laisser passer. Et, dans la foule, on entendait :

– Connaissez-vous ce prince ?

– Il est beau comme un dieu !

– Avez-vous vu ? Son habit est cousu de fils d'or !

Yvan se présenta aux grilles du palais et souhaita entretenir la princesse d'une affaire des plus importantes. Les gardes n'osèrent rien refuser à un prince aussi élégant. La fille du roi s'approcha de l'inconnu. Ce n'est que tout près de lui qu'elle dit, les larmes aux yeux :

– Yvan !... Mon amour !... Je te croyais mort !...

Les deux jeunes gens se serrèrent dans les bras l'un de l'autre. Yvan conta à la princesse comment le prince qui lui était promis avait voulu le noyer et comment la sirène l'avait retenu prisonnier. Puis, il acheva :

– Surtout, ne dis à personne qui je suis.

Le soir venu, il se joignit aux convives du festin donné en l'honneur de la future mariée. À la fin du repas, la princesse se leva et prit la parole :

– Mon père, un problème se pose à mon esprit.

– Rien ne saurait obscurcir les noces de ma fille. Parlez, mon enfant, dit le roi.

–Voilà : j'avais, pour ouvrir mon coffre à bijoux, une petite clé en or que j'ai égarée par mégarde. J'en ai donc fait faire une autre. Mais, au moment de me servir de celle-ci, j'ai retrouvé la première. De laquelle dois-je me servir : de l'ancienne ou de la nouvelle ?

–L'ancienne mérite votre fidélité, répondit le roi.

–Qu'en pensez-vous, prince de Pologne ? demanda la princesse.

–Votre père a parlé le plus sagement du monde.

–Puisqu'il en est ainsi, je vous présente mon premier mari que j'ai retrouvé et que je veux garder.

Yvan se leva et s'adressa au roi :

–Vous donnez la main de votre fille à un homme qui a tenté de me noyer. Ce filou doit être banni de votre royaume pour toujours.

Le souverain n'eut pas le temps d'approuver le châtiment que le prince indigne avait quitté le palais avec ses hommes, sans demander son reste.

Alors Yvan, enfin, put vivre en paix aux côtés de son épouse. Loin de la mer cependant car, au fond de l'eau, la sirène veillait : elle attendait toujours ce fils qu'elle n'avait pas eu.

Pour aller plus loin

À l'origine les sirènes sont des êtres maléfiques, musiciennes remarquables qui attirent les marins par leurs chants mélodieux pour les dévorer.

L'Oiseau et la mer

illustré par Sébastrien Chebret

À partir de 4 ans — *3 minutes* — *La fille du soleil*

Loin, très loin à l'est est une contrée qu'on appelle Chine. Au-dessus de ce pays brille le dieu soleil. Mais d'un éclat moins fort qu'autrefois. Vous voulez savoir pourquoi ? Voici.

Un jour la fille chérie du soleil partit se promener en barque sur la mer. Les flots étaient calmes et tout semblait annoncer un bel après-midi. Mais une brusque tempête se leva et les vagues s'enflèrent, faisant valser le frêle esquif de l'enfant. La mer tout entière semblait vouloir s'envoler, tant ses vagues battaient comme de vastes ailes. Bientôt, malgré le soleil qui brillait de toutes ses forces, les flots engloutirent et la barque et la fillette. Quand le ciel redevint bleu, le soleil avait perdu sa fille chérie.

Cependant l'enfant, au sein des eaux, toute noyée qu'elle était, n'accepta pas son destin. Son âme devint alors un oiseau, qui surgit parmi les vagues et s'en fut à l'horizon. Jingwei était son nom.
C'était un oiseau merveilleux, ce qui consola un peu le soleil : il avait le corps moucheté de gris, son bec était d'un blanc de neige et ses griffes rouge sang. Bien sûr, il détestait la mer, qui lui avait pris sa vie d'enfant. Alors, chaque jour, avec d'infinies précautions, il prenait dans son bec un caillou ou une brindille, et les jetait dans l'eau, en poussant un cri rageur.
« Un jour, je remplirai la mer », se disait-il.

Pendant des mois et des années, Jingwei continua son manège, sans que la mer ne réagisse ni ne s'offense en rien. Cela l'amusait plutôt. Mais un jour qu'elle était calme comme un matin de printemps, un jour qu'elle s'ennuyait un peu, elle héla l'oiseau.
– Allons, pourquoi te fatiguer ainsi, Jingwei ? Ni toi, ni personne n'arrivera jamais à remplir mon ventre. Cesse donc, vole vers d'autres cieux et laisse-moi tranquille !
– Détrompe-toi, dit l'oiseau. Je continuerai à faire cela pendant des millions et des millions d'années, jusqu'à ce que mon père, le soleil, cesse de briller. Et tu verras qu'un jour, tu seras remplie de cailloux et de brindilles.
La mer se renfrogna :
– Que t'ai-je donc fait pour que tu me haïsses si fort, Jingwei ?
– Tu m'as tuée un jour de promenade, et tu m'as enlevée à l'affection de mon père ! Tu ne te rappelles pas ?
La mer n'a pas de mémoire. Les navires ou les barques qu'elle engloutit ne laissent pas de traces sur ses vagues. Elle se mit en colère contre cet oiseau qu'elle ne comprenait pas.
– Disparais, volatile de malheur ! Ou je gonfle mes eaux si haut dans le ciel que même l'oiseau que tu es sera avalé par mes cent mille bouches !

–Jamais ! cria Jingwei. Je continuerai ! Tu regretteras tes colères stupides et mortelles !
La mer soupira. Ce Jingwei était fou à lier. Inoffensif, donc. Elle l'ignora donc.
Mais, plus tenace que jamais, l'oiseau poursuivit sa tâche colossale. Jour après jour, il lança dans les vagues des brindilles et des cailloux. Jour après jour, il espéra arriver à ses fins. Si vous vous promenez dans ce pays lointain qu'on nomme Chine, près des côtes, regardez bien le ciel : vous verrez peut-être Jingwei le petit oiseau gris, qui continue, encore et encore, à remplir la mer.

Guyrec et la sirène

illustré par Elsa Fouquier

À partir de 6 ans — *2 minutes* — *La sirène de la baie de la Fresnaye*

Il n'était pas de sirène plus heureuse que celle qui vivait dans la baie de la Fresnaye. De l'aube jusqu'au crépuscule, son chant mélodieux ravissait quiconque l'écoutait. Parfois, les nuits de pleine lune, elle glissait sur les flots. Sa musique couvrait le clapotis des vagues et dans son sillage, perlaient des milliers de paillettes d'argent.

Mais, un matin, la sirène ne vint pas accompagner de son chant le lever du soleil. Au début, cela n'alarma personne :
– Elle doit dormir comme un loir, disaient certains. Il faut bien qu'elle se repose de temps en temps.

– Elle a un chat dans la gorge ce matin, plaisantaient d'autres.
Mais au milieu de la journée, comme elle n'avait toujours pas reparu, on s'inquiéta :
– Il lui est peut-être arrivé malheur !
– Et si elle nous avait quittés !…
Dans la baie, l'inquiétude était à son comble.
Quelques plages plus loin, Guyrec, pêcheur de son état, remontait le fruit de sa pêche. Il sentit que son filet était plus lourd que d'habitude :
– Sapristi ! Serait-ce un thon ou un marsouin ?
Ravivé par l'espoir, Guyrec força de plus belle. La nasse apparut à la surface et dans un dernier effort, il la hissa à bord.
Dans le filet, pas l'ombre d'une nageoire, pas la moindre écaille de poisson. Pourtant, le pêcheur le contemplait avec des yeux aussi ronds que des bouées.
Qu'y avait-il dans ses cordages ?
Vous ne devinez pas ? C'était la pauvre sirène ! Voilà pourquoi personne ne l'avait entendue chanter ce matin. Elle conta sa mésaventure :

– Cette nuit, bercée par les vagues, je me suis endormie. Hélas, à l'aube, je me suis retrouvée prisonnière de ton filet ! Je t'en prie, remets-moi à la mer !
Guyrec, qui n'aurait pas fait de mal à une mouche, s'empressa de la libérer. Une fois à l'eau, la sirène tint à remercier le gentil pêcheur :
– Jamais je n'oublierai ton geste mon ami. Demande-moi ce que tu veux et tu l'obtiendras.
Alors, rêveur, Guyrec murmura :
– Un plus gros bateau me ferait tant plaisir. Hélas…
– Reviens demain à la même heure, l'interrompit la sirène. Tu verras !…
Le lendemain, le pêcheur se précipita vers la plage. La sirène n'avait pas manqué à sa parole. Un navire somptueux, un trois-mâts, mouillait l'ancre près du rivage. Ivre de joie, Guyrec monta à son bord. Dorénavant, il pourrait partir au large et pêcher autant de thons et de marsouins qu'il voudrait.
La sirène avait le cœur sur la main. Lorsqu'elle partit pour l'Inde, elle fit don à Guyrec et à sa famille d'une bourse inépuisable. Mais son absence fut douloureusement ressentie par chacun. Car aujourd'hui encore, dans la baie de la Fresnaye, le vent a bien du mal à faire oublier le chant de la sirène.

Le Requin Cheveux d'or

illustré par Violaine Leroy

Adapté d'un conte des Philippines

À partir de 7 ans — *8 minutes* — *Un requin courageux*

Très, très loin d'ici, il y a une île où des montagnes immenses crachent le feu jusqu'à la mer. Là, entre les eaux déchaînées et le ciel qui gronde, une cabane est perchée sur une falaise. Un homme et une femme y habitaient. Ensemble, ils eurent un enfant. Mais il était très, très différent des autres : il avait un corps allongé, des nageoires minces… En fait, ce n'était pas un humain, c'était un requin !

Le père leva la tête vers sa femme :

– Ne pleure pas, ma femme, tu as mis au monde un petit requin. Mais c'est notre enfant. Nous l'appellerons Cheveux d'or, du nom de la reine

des requins, pour qu'elle le prenne sous sa protection. Et comme il lui faut vivre dans l'eau salée, je vais lui fabriquer un berceau différent de celui des autres bébés.

Avec les joncs du marais, le père fit un grand panier, puis le remplit d'eau de mer et y installa son fils. Le petit Cheveux d'or était heureux. Il nageait lentement en suivant ses parents des yeux. Son père lui chantait des chansons de pêcheur. Les voisins venaient lui rendre visite et apportaient même, comme friandise, de délicieux poissons trop petits pour être vendus. Le père allait cueillir une herbe magique, et la mère en parfumait son lait avant de le donner au nouveau-né. C'est ce qu'il aimait le plus ! Il en but d'ailleurs tant et tant, qu'il devint en dix jours, trop grand pour le panier de joncs.

Ses parents le prirent alors dans leurs bras et le conduisirent à la mer dans une grotte proche du rivage. Ils restèrent près de lui et le père continua de le nourrir avec l'herbe merveilleuse pendant encore dix jours, au bout desquels Cheveux d'or était devenu un requin si beau et si fort que ses parents décidèrent de laisser la mer prendre soin de lui. Après une dernière caresse, ils le laissèrent filer dans l'océan et s'en retournèrent dans leur cabane, sur la falaise…

Une nuit, le père se retournait sur sa natte sans trouver le sommeil. Au petit matin, il fit un songe étrange. Il dit à son épouse :

– Ma femme, notre fils m'est apparu en rêve. Il pleurait et me disait qu'il voulait partir le long de la côte, découvrir les rivages du pays qui l'a vu naître…

– Mais c'est trop dangereux ! s'exclama la mère ; des pêcheurs vont le

capturer dans leurs filets et puis, il peut se blesser sur les récifs, ou sur les bateaux, sans parler…
– N'oublie pas que Cheveux d'or est un requin ! Il a besoin de découvrir ses frères, de vivre des aventures, d'échapper à de grands dangers. Il sera alors fier d'être un requin ! Et peut-être pourra-t-il rencontrer la reine dont il porte le nom !
La nuit suivante, le père apporta sur la plage des herbes magiques, des plumes de poule et une noix de coco. Il s'approcha de l'eau en fredonnant la chanson de pêcheur qu'il chantait autrefois à son fils pour l'endormir. Cheveux d'or reconnut la voix de son père et sortit de la grotte en ondulant dans les vagues. Il se laissa embrasser par ses parents, caresser longtemps, avant de leur dire adieu.
Le père prit alors sept plumes et cassa la noix. Il trempa les plumes une à une dans une potion à base de lait de coco et d'herbes magiques, puis, lentement, il en badigeonna le corps de son fils.
– Grâce à ces herbes, lui dit-il, tu auras la force de vaincre quiconque te menacera, sur terre comme sur mer.
Cheveux d'or était resplendissant, luisant de la tête à la queue ! Et il se sentait si fort, si plein de courage et d'espoir qu'il bondissait joyeusement dans les vagues sous les applaudissements de sa mère.
La lune était très haute dans le ciel quand Cheveux d'or partit vers le large. Il nagea longtemps, longtemps jusqu'à la grotte du roi des requins, Kenala. Il y entra et quelques instants plus tard, il entendit un grondement terrible. C'était le roi Kenala qui arrivait en criant :
– Qui est entré dans ma maison ? Qui a cette odeur d'homme qui me chatouille les narines ? Qui ?
– Ne te fâche pas, grand roi ! Je m'appelle Cheveux d'or et je suis né d'un homme et d'une femme, c'est vrai, mais je suis un petit requin. Alors j'ai quitté mes parents et j'ai décidé de rendre visite à tous les grands requins qui gardent la côte, pour qu'ils deviennent mes amis. Veux-tu m'aider ?
Sa voix, qui avait la douceur du lait de noix de coco, calma le roi des requins. Voyant cela, Cheveux d'or lui demanda :

–S'il te plaît, grand roi, viens avec moi !

Ils partirent tous deux à la nuit noire, nageoires contre nageoires, et arrivèrent au petit matin à la grotte du roi des requins, Hito. Dès qu'ils entrèrent, un hurlement fracassant les fit sursauter :

–Qui est entré dans ma maison ? Qui a cette odeur d'homme qui me chatouille les narines ? Qui ?

La voix suave du petit Cheveux d'or l'apaisa immédiatement et Hito accepta de se joindre à leur expédition.

Ils étaient trois maintenant, mais quelques jours plus tard, ils furent bientôt quatre, puis cinq et puis six requins à nager de concert !

Au fur et à mesure de leur voyage, ils devinrent de bons amis. Cheveux d'or était aimé de tous car il était toujours de bonne humeur et ne se trompait jamais de route. Il savait éviter les hauts-fonds et parvenait à résoudre toutes les énigmes que lui posaient en chemin, les rois des requins.

Mais un soir de lune rousse, ils arrivèrent à un étroit passage gardé par une armée de féroces guerriers commandés par l'impitoyable Kalu.

–Personne ne passe ! Ordre du roi Kalu !

Cheveux d'or demanda au garde :

–Et pourquoi donc ? Nous ne sommes que des voyageurs et nous venons en amis !

Pour toute réponse, il n'y eut qu'un grognement sourd !

Alors Cheveux d'or lui proposa :

–Eh bien, battons-nous, toi et moi, face à face !

Plus rapide que l'éclair, Cheveux d'or s'élança et mordit le garde si fort qu'il le tua sur le coup !

Personne ne pouvait empêcher la troupe de continuer son chemin.

Quand les requins arrivèrent près de la grotte du méchant Kalu, ils frissonnèrent d'effroi. Un tremblement ébranla les rochers et une énorme voix sortit de la grotte :

– Qui est entré dans ma maison ? Qui a cette odeur d'homme qui me chatouille les narines ? Qui ?

– Ne te fâche pas, grand roi ! Je m'appelle Cheveux d'or et je suis né d'un homme et d'une femme, c'est vrai, mais je suis un requin. Alors j'ai quitté mes parents et j'ai décidé de rendre visite à tous les grands requins qui gardent la côte, pour qu'ils deviennent mes amis. Veux-tu m'aider ?

Pour toute réponse, Kalu se jeta sur Cheveux d'or. Celui-ci eut alors la plus grande peur de sa vie : de l'immense grotte sortit une énorme gueule aussi large que la grotte elle-même. Cheveux d'or se retourna vers ses amis et leur dit :

– Si Kalu me tue, retournez vite vers le sud vous cacher dans vos repaires. Sinon, nous poursuivrons notre voyage.

La gueule de Kalu s'approchait de Cheveux d'or qui reculait, reculait, reculait encore… jusqu'au moment où le petit requin courageux, plein de la force que lui avait donnée les herbes magiques, fonça droit dans la gueule du requin. Il rongea le ventre du géant avec tant de furie, qu'il ressortit bientôt, laissant le roi Kalu mort sur-le-champ.

Le voyage continua des jours et des jours, jusqu'à la grotte de la reine. Celle-ci avait déjà entendu parler des exploits de Cheveux d'or et elle rêvait de le rencontrer et de l'aider. Aussi, quand il se présenta devant elle, Sa Majesté lui dit :

– Moi, la reine des requins, je te donne la force de l'eau. Ceux qui t'attaqueront sombreront, inertes, au fond des océans ou flotteront le ventre en l'air à la surface de la mer. Va voir tous les requins du monde et dis-leur de vivre en paix, entre eux et avec les hommes. Pour t'aider, je te donne le pouvoir de changer de corps chaque fois que tu le désires et de vivre très longtemps.

Après avoir festoyé toute la nuit, la petite troupe reprit le large.
Elle était maintenant très éloignée de son point de départ. Les requins nagèrent et nagèrent dans des eaux de plus en plus agitées.
Cheveux d'or rencontra alors un requin étrange. Il lui demanda :
– Dis, grand requin, que fais-tu ici ?
– Je rôde dans ces eaux depuis le temps où les hommes s'amusent à chevaucher les vagues sur de curieuses planches de bois…
Cheveux d'or eut un frisson dans le dos et l'interrogea :
– Pourquoi aimes-tu les voir jouer dans les vagues ?
– J'ai faim, dit le grand requin, et j'aimerais tant manger un homme !
Cheveux d'or eut bien du mal à dissimuler sa colère mais il réussit à parler froidement :
– Pour cela, il faut que tu nages jusqu'au rivage. Je connais l'endroit où les pêcheurs se mettent à l'eau. Avec tes énormes dents, il te sera facile d'en attraper un et d'assouvir ta faim !
Pendant ce temps la reine des requins réunit une immense armée. Mais de son côté, le requin mangeur d'hommes appela du renfort…
Bientôt, la mer se remplit de deux gigantesques bataillons décidés à se battre jusqu'à la mort. Cheveux d'or pensait à ses parents, ses semblables se souvenaient de l'époque heureuse où les hommes les approchaient sans crainte. Pendant des jours et des lunes, il y eut des combats épouvantables. Mais le courage et la force de Cheveux d'or et de ses partenaires finirent par triompher des mangeurs d'homme…
Depuis ce temps-là, dans tout le pays, là où les montagnes crachent le feu jusque dans la mer, les pêcheurs savent bien que les requins n'attaquent plus l'homme.
Beaucoup pensent encore que c'est grâce à Cheveux d'or que les requins et les pêcheurs vivent en paix…

La Perle de lune

illustré par Elsa Fouquier

Adapté d'un conte chinois

À partir de 7 ans *8 minutes* *Au royaume du dragon*

Il était une fois, tout au fond de la mer Orientale, le roi des dragons et sa fille.

Celle-ci était en âge de se marier, et de nombreux prétendants lui rendaient visite, essayaient de la faire rire, de l'impressionner, de la séduire…

Mais rien n'y faisait : la princesse des dragons leur trouvait toujours un défaut, un petit quelque chose qui n'allait pas !

Son père commençait à s'inquiéter. Il lui dit un jour :

– Ma fille, je ne te comprends pas. J'ai vu ici nombre de soupirants ; certains étaient intelligents, d'autres forts, riches, ou beaux, et même

parfois tout cela à la fois… Mais jamais tu n'en as trouvé un à ton goût !
Le roi aimait beaucoup sa fille, mais ses refus l'agaçaient de plus en plus. Il lui demanda :
– Quel genre d'homme veux-tu épouser ? Je suis roi, je peux remuer ciel et terre si tu me le demandes… mais il faut que tu me dises qui chercher !
La princesse des dragons leva les yeux vers son père et lui répondit :
– Je veux un homme honnête et courageux, rien de plus !
Le roi, d'abord un peu surpris, convoqua ses généraux. Il avait dit à sa fille qu'il chercherait, il devait tenir parole.
Il expliqua à ses précieux conseillers :
– Je souhaite que vous alliez dans tous les villages, sur toutes les routes afin de trouver un homme honnête et courageux.
Ils partirent alors à travers le monde et cherchèrent, cherchèrent…
Quand ils furent de retour après de longues pérégrinations, chacun d'eux avait un avis : le général Torpille déclara qu'il était lui-même le fiancé idéal ; le général Hippocampe présenta ses candidats… mais pas un ne plut à la princesse ! Les conseillers étaient désespérés et le roi maussade. Malgré tant d'efforts, ils avaient tous échoué.
C'est alors que le général Murène s'avança et dit :
– Je connais un orphelin qui s'appelle Jing-si. Il n'est pas bien riche, mais je le sais honnête, et si courageux qu'on dit dans son village que rien ne peut l'effrayer.
Le roi des dragons ne voyait pas cela du même œil : il voulait que sa fille épouse un roi, un prince à la rigueur… Pas un orphelin sans ressources ! D'ailleurs, quelle preuve avait-on de son prétendu courage ?
Mais bien évidemment, le jeune homme plut à la princesse. Elle voulait l'épouser et le roi des dragons ne savait plus que faire pour l'en dissuader.
Le général Murène qui avait plus d'un tour dans son sac, lui proposa une solution. Il suffisait de mettre Jing-si à l'épreuve pour mesurer sa véritable valeur…

Cette nuit-là, Jing-si dormait tranquillement au côté de son frère aîné.
Il fit un songe étrange. Un vieillard lui disait :
– Va au bord de la mer, ta fiancée t'y attend… Va au bord de la mer, Jing-si.
Le jeune homme se réveilla en sursaut, et secoua son frère. Il lui raconta son rêve, impressionné. Mais son aîné le rassura :
– Rendors-toi, Jing-si, ce n'est qu'un rêve…
Et il ajouta méchamment :
– D'ailleurs, qui pourrait t'attendre ? Tu es si pauvre !
Puis il se rendormirent tous deux.
Plus tard dans la nuit, Jing-si se réveilla à nouveau. Son frère n'était plus là. Jing-si réfléchit un instant avant de partir précipitamment vers la grève.
Quand il y arriva, il découvrit son frère absorbé par une vision féerique : une jeune fille, très belle, à la peau claire comme la lune, aux cheveux longs et noirs, se baignait dans l'onde calme. Elle les regardait tous deux en souriant.
Émerveillé, Jing-si lui demanda de sa voix la plus douce :
– Fille de mes rêves, acceptes-tu de m'épouser ?
Mais son frère le poussa de côté :
– Non, prends-moi pour époux, dit-il, ne l'écoute pas !
Ils étaient sur le point de se battre quand la jeune fille les arrêta :
– Je ne peux choisir l'un de vous comme ça, dit-elle malicieusement : seul celui qui me rapportera la perle de lune sera digne de moi !
Les deux frères se regardèrent et s'exclamèrent d'une seule voix :
– Mais où donc est cachée cette perle ?
La jeune fille répondit :
– Elle se trouve dans le palais de mon père, le roi des dragons, qui est bâti au fond des flots, tout là-bas au nord… Il est difficile d'y accéder, mais ne vous inquiétez pas.
Elle tendit à chacun une épingle de nacre.

– Ces épingles sont magiques : il vous suffira de les jeter dans la mer déchaînée pour qu'elle se calme aussitôt.

Puis la princesse plongea et disparut dans les eaux sombres.

Le frère de Jing-si rentra immédiatement au village. Il y emprunta un cheval et galopa vers le nord. Quant à Jing-si, il préféra partir à pied, sa besace sur le dos. La route était longue, mais il était patient.

Après quelques jours de chevauchée sur une route semée d'embûches, où il dut combattre loups et brigands, l'aîné arriva dans un village entièrement inondé. Il rencontra des villageois contraints de se déplacer en barque. L'un d'eux lui expliqua :

– Les pluies torrentielles ont provoqué une crue et maintenant le fleuve ne veut plus regagner son lit ! Si ça continue, l'eau va submerger les toits et emporter les habitations !

Une vieille femme dont le visage reflétait la sagesse de l'âge ajouta :

– Le seul moyen, paraît-il, de faire redescendre le fleuve est de le battre avec la verge d'or qui se trouve dans le palais du roi des dragons, mais personne n'osera aller la chercher !

Le frère leur cria en fanfaronnant :

– Je vous la rapporterai, moi, votre verge d'or : je me rends justement au palais.

Et il lança son cheval au galop vers le nord.

Jing-si arriva au village bien des jours plus tard. On ne voyait plus les maisons. Il ne dépassait de l'eau que quelques crêtes de toits, surmontées çà et là de cheminées…

On lui raconta alors l'histoire du fleuve. Consterné par le malheur qui s'abattait sur les villageois, il promit à son tour de rapporter la verge d'or. Il marcha encore plusieurs lunes durant, et, éreinté mais heureux, atteignit les falaises du nord.

Là, son frère l'attendait, pétrifié de terreur devant la tempête : des lames immenses s'écrasaient sur les rochers dans un fracas épouvantable, des vagues blanches et menaçantes se formaient sans cesse, s'entrechoquaient, se déchiraient… On aurait dit un champ de bataille !

Devant ce tableau effrayant, Jing-si garda son calme : il prit l'épingle et la jeta dans les flots. Aussitôt, les vagues s'effacèrent, le vent tomba et le bruit s'arrêta !

Les eaux s'ouvrirent alors devant les deux frères ébahis, qui purent marcher jusqu'au palais sans difficulté.

Le roi dragon les reçut et les conduisit jusqu'à la salle du trésor. Là, tout en caressant sa barbe d'algue, il leur dit :

– Comme le veut la coutume, vous pouvez prendre chacun un objet de mon trésor, mais seulement un ! Faites le bon choix !

Jing-si avait vu la perle, une perle de nacre blanche et pure, brillante comme la lune…

Mais il pensait aux villageois et à leur détresse. Il choisit alors la verge d'or, résolu mais triste car s'il laissait la perle, il ne pourrait pas épouser la princesse…

Quant à son frère, il s'empara victorieusement de la perle, sans l'ombre d'un scrupule. Le roi souriait étrangement. Il remercia les deux voyageurs qui s'en retournèrent vers le continent.

L'aîné enfourcha son cheval et repartit aussitôt vers le sud. Il voulait revoir la princesse aussi vite que possible. Pendant ce temps, Jing-si, toujours à pied, se hâta lui aussi vers le midi en espérant arriver à temps pour sauver les villageois…

Quand son frère traversa le village, tous les habitants lui demandèrent :

– As-tu réussi à rapporter la verge d'or ?

Il leur répondit qu'il ne l'avait pas trouvée et continua son chemin sans s'attarder.

Jing-si parvint enfin au village. Il battit alors le fleuve avec la verge d'or... et, miracle ! L'eau recula, les maisons se vidèrent et s'asséchèrent ! Petit à petit, le fleuve revint dans son lit et le village fut sauvé...

Les habitants, fous de joie, voulaient lui témoigner leur reconnaissance. Mais l'inondation les avait ruinés ; l'eau avait tout emporté et ils ne savaient comment le récompenser. Or, en dégageant la boue de leurs maisons, ils trouvèrent une huître. Au moment où l'un d'entre eux la ramassa, celle-ci s'entrouvrit et laissa paraître... une perle !

Elle était noire et sale, mais c'était tout de même une perle. Ils l'offrirent à Jing-si qui l'accepta de bon cœur. « Je la garderai en souvenir », pensa-t-il.

Pendant ce temps, son frère était retourné auprès de la princesse. Il lui montra fièrement le joyau qu'il rapportait :

– Me prendras-tu pour époux, maintenant ?

La belle lui répondit :

– Reviens cette nuit ; nous verrons au clair de lune si tu possèdes la vraie perle.

Quand le soleil eut disparu à l'horizon pour faire place aux étoiles, il se présenta devant la princesse, mais malheur ! la perle avait perdu son éclat du matin. Elle n'avait plus rien d'extraordinaire !

– Ce n'est pas la perle de lune, je suis désolée, dit la princesse.

Le frère s'emporta et vociféra :

– Mais je ne comprends pas ! Je l'ai prise dans le trésor du roi des dragons. Elle brillait tout à l'heure encore !

Il dut pourtant se rendre à l'évidence, en ne voyant au creux de sa main qu'un vulgaire caillou de nacre qui éclata et se transforma... en une simple goutte d'eau !

Peu après, Jing-si gagna la côte. Il s'inclina devant la princesse en s'excusant :

– Je regrette, mais j'ai échoué… Je me suis rendu au palais, mais je n'ai pas pu prendre la perle. J'espère que vous me pardonnerez.

La princesse, curieuse, l'interrogea :

– Mais que rapportes-tu de ton voyage ?

– Quelques histoires, au plus, répondit Jing-si, ainsi qu'une perle sans valeur. Ce sont des amis qui me l'ont offerte, alors je l'ai gardée.

– Montre-la-moi ! ordonna gentiment la princesse.

Elle prit la perle et la reposa dans la paume de Jing-si. La petite bille noire commença alors à scintiller faiblement, puis de plus en plus, jusqu'à devenir aussi lumineuse que la lune !

La princesse reprit la perle et la lança vers le ciel : elle y demeura et tout autour d'elle se dessina un halo de lumière au centre duquel apparut un château de cristal. Il flottait sur les nuages, entouré d'oiseaux multicolores.

Jing-si n'en croyait pas ses yeux !

La princesse lui prit la main et l'entraîna vers son palais de verre.

Au sommet de la plus haute des tours, la perle brillait toujours, et elle brilla ainsi très longtemps, aussi longtemps que dura le bonheur de Jing-si et de la princesse…

Pour aller plus loin

Dans la mythologie chinoise, la mer baigne le monde des quatre côtés. Les mers du Nord, de l'Ouest et du Sud sont parfaitement mythiques. En revanche, la mer Orientale est elle, bien réelle. Cependant, elle renferme de nombreux mystères. C'est le domaine d'une figure curieuse, celle de Yu-kiang, un dieu du vent à face humaine et corps d'oiseau.

L'Écrin de perles

illustré par Sébastien Chebret

À partir de 6 ans *10 minutes* *La pêche merveilleuse*

En ces temps merveilleux qui régnaient sur l'Empire de Chine, vivait Wen-yang, un jeune pêcheur qui habitait une modeste chaumière avec ses parents. Oh ! Ils n'étaient pas bien riches mais ils savaient se contenter de peu. Seulement voilà, la pêche n'était pas toujours bonne et il leur arrivait souvent d'avoir à se serrer la ceinture.

Ce matin-là justement, Wen-yang était parti de bonne heure sur sa barque avec l'espoir de ramener ses filets pleins : cela faisait maintenant trois jours qu'il rentrait bredouille, comme si tous les poissons étaient partis sous d'autres cieux !

Au bout d'un moment, il dut se rendre à l'évidence : il n'attraperait encore rien ce matin !

– Par tous les dragons des mers, il y a bien une petite sardine qui traîne ! s'exclama-t-il.

Et il jeta une dernière fois son filet. Cette fois-ci la chance sembla lui sourire : alors qu'il remontait sa nasse, il sentit quelque chose lui résister. Il tira de toutes ses forces.

– Avec un poids pareil, c'est au moins un thon, se réjouit-il.

Mais de thon, point. Non, c'était une brème, une brème comme il n'en avait jamais vu : ses écailles scintillaient comme mille miroirs au soleil. Wen-yang en resta bouche bée. Un tel poisson dans son filet !

La brème regardait le pêcheur avec des yeux empreints d'une telle tristesse qu'il n'eut pas le cœur de la tuer. Au lieu de cela, il la dégagea des mailles avec précaution et la rendit à la mer. À peine l'animal avait-il touché les flots qu'il se mit à virevolter partout, heureux de recouvrer sa liberté. Il jeta à Wen-yang un regard plein de reconnaissance et partit au large en fendant l'écume.

Le jeune homme resta assis dans son bateau songeant à l'étrange scène qu'il venait de vivre.

Tout à coup, une voix se fit entendre :

– Wen-yang ! Wen-yang !

Qui pouvait bien l'appeler ainsi ? Il était à des milles de la côte et nul bateau ne pointait à l'horizon !

Enfin, il aperçut une énorme tortue qui se dirigeait vers lui. Était-ce elle qui avait crié ?

Une fois l'embarcation atteinte, la bête prit la parole :

– Oui, Wen-yang, c'est bien moi que tu viens d'entendre. Je suis l'envoyée du roi des mers. Tu as été généreux en libérant cette brème. Ce n'était autre que Ming-chou, la fille unique du roi. Mon souverain t'invite à le rejoindre au palais, il souhaite te remercier.

Le pêcheur ne savait que dire. Quelle journée ! D'abord la brème, puis cette tortue !

L'animal continua :
– Grimpe sur ma carapace, je te conduirai là où nul homme n'a jamais pénétré.
Sans plus attendre, Wen-yang obéit et la tortue rejoignit les sombres profondeurs. Tout autour d'eux s'étalait un incroyable domaine fourmillant de poissons multicolores et de coraux brillant de mille feux.
Soudain, dans un tourbillon de bulles, s'ouvrirent devant eux les portes du palais. C'était merveilleux. Jamais Wen-yang n'avait vu de pareilles beautés. On aurait dit que toutes les perles des océans sertissaient les murs du château ; les plus belles algues ornaient des vases de nacre…
Mais il y avait plus étrange encore : qu'une étoile de mer, qu'un crabe ou qu'une langouste passent la porte, et ils prenaient forme humaine, vêtus de riches habits dont les broderies rappelaient leur origine. Et il leur suffisait de ressortir pour redevenir crustacé ou poisson…
Wen-yang posa pied à terre devant l'entrée. Tous s'écartèrent respectueusement au passage du sauveur de la princesse. Une fois la porte franchie, le jeune homme se retourna vers sa compagne et il vit une gouvernante au doux sourire dont mille tortues brodées ornaient la robe.
– Te voilà arrivé, lui dit-elle. Tout le monde a entendu parler de toi ici. Ne t'étonne pas des curieux : c'est la première fois qu'ils voient un homme après tout.
Elle lui prit le bras.
– Viens vite, les hôtes royaux t'attendent pour commencer la fête en ton honneur !
Ils traversèrent le palais et arrivèrent devant une porte où cinq hommes vêtus de tuniques dentelées de brèmes en fils d'argent attendaient.
– Les demoiselles de compagnie de la princesse Ming-chou, chuchota Dame tortue.
Celles-ci les accompagnèrent jusqu'à la salle du trône. La première personne qu'Wen-yang aperçut dans la foule fut la princesse. Elle

était la seule vêtue d'une robe blanche, vierge de tout motif ; pourtant, chacun de ses mouvements en faisait briller les plis comme l'écume au soleil.

Ming-chou accourut vers le jeune homme qu'elle salua respectueusement, se confondant en remerciements pour l'avoir laissée vivre.

Au fond de la salle était un rideau de fines perles derrière lequel se tenait le roi, figure si illustre que nul ne pouvait le voir. La princesse conduisit le pêcheur devant son père qui le remercia à son tour.

– J'espère seulement que cela lui servira de leçon et qu'elle ne s'éloignera plus du palais, déclara-t-il. Mais assez de bavardages, que la fête commence !

Alors un gong se fit entendre, marquant le début du festin. Des valets par centaines apportèrent à chaque convive une immense coquille Saint-Jacques en guise d'assiette, chargée de mets plus exquis les uns que les autres. Tout le monde se mit à déguster varechs et holothuries pendant que l'orchestre de conques entamait des airs pleins de gaieté.

Des danseuses aux habits ornés de poissons volants faisaient voltiger les longues manches de leurs tuniques dans un mouvement gracieux.

– Vois-tu, dit la princesse à Wen-yang, ici tous vivent en harmonie. Regarde le requin parler à la morue. Et là, la pieuvre et l'étoile de mer.

C'est la loi de notre royaume : tout n'est qu'harmonie dans ce palais, et il est défendu de s'y battre.
Sur ces mots, elle entraîna le jeune homme visiter le palais. De chaque pièce, tout de verre parée, on pouvait admirer tous les bas-fonds marins de la planète. Là, c'était une vue sur le paysage maritime au large du Groenland, avec ses phoques et ses baleines. Là, celui de l'Amérique, avec ses squales et ses piranhas. C'était merveilleux. Puis Wen-yang songea soudain que ses parents devaient s'inquiéter de ne pas le voir revenir. Il était temps pour lui de rejoindre les siens, et il le dit à la princesse.
– J'espérais te charmer avec toutes ces merveilles, dit-elle les yeux pleins de larmes. Es-tu sûr que vivre ici ne te tenterait pas ? Peut-être la terre et ses hommes t'auront-ils oublié ?
Mais le pêcheur avait trop la nostalgie de son village natal.
– N'aie pas de chagrin, Ming-chou. De même que tu appartiens au royaume des mers, j'appartiens à celui des humains. Ton palais est un véritable paradis mais rien ne peut remplacer mes parents et mes amis.
– Alors suis-moi, répondit-elle, je vais te donner un souvenir.
Et elle l'entraîna vers les caves du palais. Elle ouvrit une porte derrière

laquelle était entassé le trésor du roi des mers. Des milliers de diamants, de rubis et d'agates jonchaient le sol, ainsi que des coffres remplis d'or, d'argent et des perles les plus pures. Mais Ming-chou prit un petit écrin en bois tout simple et le tendit à Wen-yang.

– Je pourrais te donner des richesses à foison mais ce ne serait rien à côté de ce trésor que je t'offre. Il recèle une perle marine vieille comme le monde. Elle est magique. Il te suffira de murmurer à l'écrin ton moindre désir, de frapper trois fois dans tes mains et ton vœu se réalisera. Cependant prends garde ! En aucun cas n'ouvre cette boîte : tu perdrais ton bonheur à tout jamais !

Wen-yang remercia la princesse et prit l'écrin. Il alla retrouver Dame tortue dans la salle du trône et la pria de le reconduire chez lui. Puis il prit congé de ses hôtes qui, la mort dans l'âme, le regardèrent partir.

La tortue le déposa sur le rivage.

– Vis heureux Wen-yang, tu es un brave !

Et elle repartit vers Ming-chou au fond des flots.
Le pêcheur était triste de causer tant de chagrin aux habitants des mers ; pourtant son bonheur de revoir ses parents et le soleil briller dans le ciel lui ôta tout regret, et il courut vers son village, l'écrin à la main.
Le village ? Wen-yang s'arrêta net. Mais où était-il ? Ce qu'il croyait être son village avait démesurément grandi et à la place de la hutte de ses parents, il ne restait plus que du sable. Pourtant, il reconnaissait bien sa baie natale ! Il erra dans le village à la recherche d'un visage familier mais il ne reconnut personne. Un passant finit par l'arrêter :
– Qui es-tu ? Que cherches-tu ?
Lorsque le pêcheur répondit, l'autre lança :
– Wen-yang ? Et tu dis habiter ce village ? Étrange, je ne connais personne de ce nom.
Il interpella alors d'autres villageois et leur demanda s'ils connaissaient le malheureux. Mais nul ne l'avait jamais vu. Tous décidèrent d'aller voir le doyen du village qui avait au moins cent dix ans. Celui-ci prêta grande attention à l'histoire.
– Wen-yang ? Ce nom me dit quelque chose. Oui, je me rappelle, mon père m'avait raconté comment, quand il était encore enfant, son père avait retrouvé la barque vide du pêcheur Wen-yang. Mais ce ne peut être toi, cela s'est passé il y a bien cent cinquante ans !
Wen-yang comprit alors que le temps dans le royaume du roi de toutes les mers passait bien plus lentement que sur terre ; ce qu'il avait cru être une journée était en fait un siècle ici !
Il raconta à tous son étrange aventure et décida d'offrir à ses nouveaux amis un festin pour fêter son retour. Il prit l'écrin et murmura :
– J'ai besoin d'un repas copieux pour cent invités !
Il frappa trois fois dans ses mains. Aussitôt apparut une longue table chargée de victuailles qui régalèrent tout le monde.
Puis Wen-yang repartit vers le lieu où il avait vécu avec ses parents et demanda à l'écrin une modeste chaumière. Il y passa des jours

tranquilles. Il avait renoncé à la pêche car il répugnait à tuer ses amis les poissons, d'autant plus que l'écrin lui fournissait ce qu'il voulait.
D'ailleurs, il n'aurait certainement pas eu le temps de partir pêcher. Des quatre coins de l'empire, on venait l'écouter raconter sa merveilleuse aventure. Le jeune homme accueillait toujours volontiers ces gens et les invitait à sa table, riches comme miséreux. Il arrivait souvent que les plus pauvres repartent avec quelques pièces en poche et des habits neufs sur le dos !
Bientôt pourtant, l'histoire de cet ancien pêcheur, ami du roi de toutes les mers et généreux entre tous, arriva aux oreilles de l'intendant de la province.
– Quoi ? Un riche dans ce village de manants, se dit-il. Ce ne peut être qu'un voleur ou un sorcier !
Et il décida de régler l'affaire. Il se rendit le jour même chez Wen-yang qui l'accueillit comme les autres visiteurs. Le fonctionnaire se présenta et exigea qu'on lui racontât l'histoire. Wen-yang s'exécuta. L'intendant lui demanda :
– Peux-tu obtenir de l'argent avec cet écrin ?
– Oui, répondit Wen-yang. Tout ce que je veux. Regardez plutôt !
Et il murmura à l'écrin quelques mots avant de frapper trois fois dans ses mains. Un tas de pièces d'or apparut alors. Le fonctionnaire s'écria :
– Ignores-tu donc que dans notre pays, seul l'Empereur est autorisé à frapper la monnaie ! Tu as transgressé la loi avec cet écrin de sorcier ! On va bien voir ce que tu y caches !
Avant même que Wen-yang puisse l'en empêcher, l'intendant s'empara de l'écrin et l'ouvrit. À l'intérieur était un autre écrin, cerclé de perles précieuses.
Tout à coup, sa serrure se brisa et une lueur bleue aveuglante en jaillit dans un tourbillon de sable. Aussitôt les pièces tombèrent en poussière. Stupéfait, l'intendant se tourna vers Wen-yang et recula de terreur : devant lui se trouvait un vieillard dont la peau était si ridée

qu'on aurait dit du vieux cuir ; ses cheveux étaient blancs comme neige. L'homme chancela puis s'écroula : Wen-yang venait de mourir de vieillesse.

Alors un vent violent se leva. L'écrin se mit à déverser du sable à foison, tant et si bien que le corps de Wen-yang et sa chaumière furent ensevelis pour disparaître à jamais.

Qui sait ? Peut-être a-t-il retrouvé Ming-chou, là-bas, dans le sombre royaume des mers profondes…

Au temps où les bêtes parlaient

Grouillette la tortue

illustré par Violaine Leroy

Texte de François Bobe,
publié dans le magazine Wakou, n° 40 (juillet 1992).

À partir de 3 ans — *2 minutes* — *Leçon de natation*

Grouillette est une tortue… tê-tue ! Ce matin, elle a décidé qu'elle n'irait pas à son cours de natation. Sa maman est déjà venue deux fois lui dire tout doucement :

– Grouillette, c'est l'heure ! Réveille-toi.

Mais Grouillette fait comme si elle n'avait pas entendu, ce qui met son père fort en colère :

– Dépêche-toi, Grouillette !

Grouillette soupire. Elle n'a vraiment pas envie de bouger. Ses sœurs se moquent d'elle.

Mais elles peuvent toujours parler ! Grouillette a glissé sous sa carapace, sa tête et ses quatre pattes.
– Tu ne seras jamais une vraie tortue de mer si tu ne vas pas à ton cours de natation ! lui lance sa première sœur.
– Tu vas prendre racine, à rester là, sans bouger ! lui dit la deuxième.
– Elle reste à l'abri, elle a sans doute peur de la pluie ! crie la troisième.
Enfin ! Elles repartent comme elles sont venues. Grouillette glisse, hors de sa carapace, sa tête et ses quatre pattes. Et elle savoure le calme en écoutant le clapotis des vagues. Mais, elle reconnaît au loin, la voix du professeur de natation :
– Plier, tirer… Plier, tirer. Maintenant, vous pouvez laisser vos bouées !
Grouillette s'avance vers un coin isolé au bord de l'océan. Elle hoche la tête et pense :
– Pourquoi se fatiguer ? Il suffit de se laisser flotter au soleil à la surface de l'eau, comme ça !
Et Grouillette passe un long moment à se prélasser, sans remarquer qu'elle s'éloigne des rochers.
Mais voilà le vent qui se lève. Il souffle de plus en plus fort.

Et les vagues se soulèvent de plus en plus haut. De gros nuages gris emplissent le ciel. L'océan gronde. C'est la tempête ! Grouillette est ballottée de haut en bas. Elle a le mal de mer. Elle boit la tasse. Elle tousse. Elle se débat, puis après… elle ne sait plus !

Lorsqu'elle rouvre les yeux, le ciel est à nouveau bleu.

Il y a, à côté d'elle, une grosse boîte sur laquelle est inscrit « trousse de secours ». Grouillette a bien mal à la tête. Elle a aussi des pansements plein les pattes. Tout le monde est là : sa mère, son père, ses sœurs et d'autres qu'elle ne connaît pas.

Le professeur de natation lui tapote la joue :

– Vous l'avez échappé belle, mademoiselle ! Quand reviendrez-vous au cours de natation ?

Grouillette se racle la gorge et, de sa voix la plus douce, elle répond poliment :

– Dès que j'irai mieux, monsieur !

Le Hibou et la mouette

illustré par Elsa Fouquier

À partir de 3 ans *2 minutes* *De l'or et de l'amitié*

Du temps où les animaux régnaient sur la Terre vivaient un hibou et une mouette, qui étaient les meilleurs amis du monde. Ils habitaient près de la mer, et rien ne leur manquait. Ni la nourriture qu'ils trouvaient à foison, ni le soleil, ni même la compagnie d'un vent toujours tiède et sucré. Pourtant, les deux amis s'ennuyaient à mourir. Toute la journée, on les voyait arpenter la grève, attendant désespérément que quelque chose arrivât. Mais il ne se passait rien. Et tous les deux de soupirer, de marmonner. Un jour, le hibou dit à haute voix, d'un ton las et chagrin :

–Ça ne peut plus durer. Si on ne trouve rien à faire, on va périr d'ennui.

–J’ai une idée, répondit la mouette. Pourquoi ne pas monter un petit commerce, toi et moi? On s’amuserait, on voyagerait!
Le hibou sauta de joie, puis retomba lourdement. Oui, l’idée était bonne, mais il y avait un hic.
–Je n’ai pas un sou de côté, ma vieille. C’est un fichu problème.
–Qui parle de problème? Moi, j’ai quelques sacs d’or enfouis au fond d’une grotte. Partageons-les, compère!
Un peu d’amitié et beaucoup d’or, n’est-ce pas le commencement du bonheur? En moins de temps qu’il ne faut à la vague pour rouler sur la grève, les deux oiseaux avaient acheté un vaisseau, l’avaient rempli d’épices, de fruits et de pierres précieuses. Bien sûr, ils firent quelques dettes. Mais qu’importe! Ils allaient faire fortune. Bientôt, excités comme deux poux, ils prirent le large. À eux l’aventure!
Hélas! À mi-chemin, une tempête de tous les diables s’abattit sur le bateau, fracassa voiles, mâts, coque et cargaison, laissant juste le temps

aux deux oiseaux de voler jusqu'à la côte. Ils n'avaient plus désormais que leurs yeux pour pleurer. Déjà la meute de leurs créanciers, qui avaient eu vent du naufrage, fondait sur eux ainsi que des rapaces.
Le hibou se terra dans un vieil arbre mort et n'osa plus sortir que la nuit. On le voit parfois voleter dans l'obscurité, avec ses yeux tristes et jaunes, comme son or perdu. Quant à la mouette, incorrigible optimiste, elle s'est mise depuis à planer, planer, planer sans cesse au-dessus de l'océan, persuadée, pauvre folle, que les flots lui rendront un jour ses trésors engloutis.
Jamais plus ils ne se revirent. L'amitié et l'ennui ne peuvent-ils donc pas faire bon ménage ?

Pour aller plus loin

Les oiseaux ont des comportements qui parfois peuvent paraître étranges et apparemment sans explication. On peut par exemple se demander pourquoi la mouette vole, infatigable au-dessus de la mer ? Et sait-on ce qui a fait du hibou un oiseau nocturne qui passe la journée à dormir pour s'éveiller au crépuscule et hululer jusqu'à l'aube ? On peut chercher des raisons scientifiques, mais il en est d'autres, celles qui font les légendes, qui sont plus poétiques.

La Guerre des poissons

illustré par Elsa Fouquier

Adapté d'un conte des Philippines

À partir de 5 ans — *3 minutes* — *Petit mais malin*

Quand on regarde la mer par beau temps, on croit que tout y est calme et tranquille. Les vagues bercent l'écume blanche, le vent court, agile, sur les rochers. Tout n'est qu'harmonie, sérénité, paix. Mais détrompez-vous ! Il y a toujours une sardine pour tirer les moustaches d'un poisson-chat, un homard pour pincer la queue d'un hippocampe ! Et pis encore ! Car tout cela n'est rien si l'on songe à l'épouvantable guerre des poissons, qui eut lieu voilà des lunes et des lunes.

Qui commença ? Ce furent les gros poissons, semble-t-il. Les terribles, les redoutables. Ils décidèrent que les petits n'avaient rien à faire parmi

eux et qu'il fallait les exterminer jusqu'au dernier ! Sus aux minus !

On élabora une stratégie fort simple : la baleine se chargeait de gober le hareng, la murène de croquer la sardine, le narval d'avaler l'oursin, le poisson-scie de découper la limande en rondelles, et le requin-marteau d'aplatir le crabe comme une crêpe. La victoire était certaine, nul n'en doutait.

On envoya la baleine en avant-garde. Lorsque l'énorme bête aperçut le hareng, elle fondit sur lui. Mais le hareng, qui n'était pas né de la dernière pluie, lui joua un tour de sa façon : il s'enroula sur lui-même, si bien qu'il fut assez petit pour entrer… dans les trous de nez de la baleine ! Et guili-guili par ci, guili-guili par là, il la chatouilla tant et tant que la baleine n'en supporta pas davantage. Elle fuit aussi vite que possible, jusqu'à s'échouer lamentablement sur le rivage des hommes. Où elle mourut, asphyxiée. Quant au hareng, il quitta son trou de nez, et d'un bond sauta dans la mer.

La murène se précipita sur la sardine, persuadée elle aussi de n'en faire qu'une bouchée. Mais le petit poisson tournicota à gauche, à droite, en bas, en haut, en une danse effrénée, et la murène en eut la tête à l'envers. Elle finit par s'emmêler les nageoires dans des branches de corail. Où elle est encore.

Quant à la sardine, elle rejoignit paisiblement son banc.
Le narval n'était pas en reste. Il s'approcha de l'oursin et le goba tout cru. Victoire ! Et il éclata d'un rire triomphal. Mais voilà que l'oursin se mit à enfler, à enfler, voilà qu'il devint une énorme boule aux pointes acérées. L'estomac du narval ressembla soudain à une vieille passoire. Il mourut sur le champ. Quant à l'oursin, il reprit sa vie paisible d'oursin.
Le poisson-scie voulut, comme on le comprend, venger ses amis. Pris d'une fureur terrible, il piqua droit sur la limande, qui se mit à fuir dare-dare, et s'enfonça dans la boue, tout au fond. Ce nigaud de poisson-scie planta son rostre dans la vase. Où il est toujours. Quant à la limande, elle poursuivit sa promenade entre deux eaux.
Des gros poissons, il n'en restait qu'un, et le plus effrayant : le requin-marteau ! Il renifla l'eau de ses puissantes narines et débusqua le crabe, qui trottina jusqu'au rivage, bien à l'abri des rochers. Le requin l'y poursuivit, son horrible gueule béante prête à l'avaler et s'échoua sur le sable. Où il passa de vie à trépas, les ouïes palpitantes. Quant au crabe, il repartit par le même chemin en ricanant.
Il n'est pas utile d'être énorme pour être malin. C'est même déconseillé, de nos jours. Faites-vous tout petit, si vous le pouvez.

Pour aller plus loin

À toutes les époques et dans tous les pays, les guerres ont divisé les hommes. Des récits témoignent à leur façon des conflits dont le souvenir participe au maintien de la paix. Ils prennent les allures d'une fable : les acteurs sont des animaux à qui on donne la parole…

Quand les dieux n'étaient pas encore tombés sur la tête

La Sueur de Taaroa

illustré par Violaine Leroy

Adapté de la mythologie océanienne

À partir de 7 ans — *3 minutes* — *Des gouttes de sueur*

Au début était l'œuf, qui flottait dans l'immensité infinie, sombre et vide. Aussi incroyable que cela paraisse, il n'y avait au centre de l'univers que cet œuf pâle, et rien d'autre. Le temps passa, incommensurable. Puis l'œuf sembla se recroqueviller et soudain, sans raison apparente, éclata. Oh, cela ne fit aucun bruit dans l'espace, à peine le souffle d'une vive lumière. Et Taaroa apparut, parmi les débris éparpillés de coquille. Taaroa, le Maître sacré, le Créateur de toutes choses. Il se déplia lentement, et emplit le ciel de son corps, avec mille précautions, comme étonné de se trouver là. Il contempla l'univers, autour de lui et il vit qu'il n'y avait rien. Ni

lumière, ni vent, ni montagnes, ni arbres, toutes choses qu'il avait dans l'esprit, car ses rêves étaient immenses.

D'abord, avec quelques petits débris de la coquille, il créa la foule des étoiles, qu'il jeta dans le ciel comme des étincelles. D'un autre, il fit le Soleil. Puis, pétrissant dans ses mains musclées le plus grand des débris, il en fit une boule, la Terre, qu'il déposa devant lui, la réchauffant de son souffle puissant. La boule s'enfla, s'enfla, jusqu'à devenir pareille à un énorme fruit de pierre et de feu.

Alors Taaroa se mit à l'œuvre. Sans relâche, pendant un temps qui parut une éternité, il éleva les plus hautes montagnes, façonna les arbres, inventa le vent qui court sur le sable des dunes, modela les hommes, les animaux, les plantes qui serpentent sous la terre ; il fabriqua les volcans et leur cœur de lave, les nuages qui jouent avec le soleil, l'orage menaçant et la foudre, le bleu du ciel et la neige blême ; il creusa des ravins profonds, des parois vertigineuses.

Lorsqu'il s'arrêta, hagard, éreinté, il crut avoir épuisé ses rêves. Il s'agenouilla sur le sol de pierre, pour reprendre son souffle. Et de son front luisant, de ses bras, de son ventre, coulèrent quelques gouttes de sueur. Elles roulèrent sur les pentes des montagnes, énormes, tumultueuses, et achevèrent d'un coup le fabuleux travail qu'il venait d'accomplir.

La sueur de Taaroa était devenue l'eau de la mer. La mer sans laquelle nul monde ne peut vivre. La mer où courent les bateaux, où le corail croît et rougit, où l'espadon virevolte. La mer, qui recouvrit presque entièrement la Terre, remplissant les abîmes, les gorges, les ravins. La mer, que Taaroa avait oubliée.

Les Enfants d'Izanagi et d'Izanami

illustré par Sébastien Chebret

Adapté de la mythologie japonaise

À partir de 8 ans — *3 minutes* — *La naissance des îles japonaises*

En ce temps-là, la jeune Terre flottait sur les cieux comme une méduse entre deux eaux, informe et changeante. Un jour, les divinités qui régissent l'univers décidèrent de la consolider, et d'y faire naître la vie. Ils confièrent la tâche à Izanami et Izanagi.

Debout sur le pont céleste, les deux divinités commencèrent par remuer l'eau de la mer avec une lance gigantesque. Ce fut long et fastidieux mais peu à peu l'eau se coagula et, quand enfin ils retirèrent la lance, une goutte tomba de la pointe, qui forma l'île Onokoro. Puis ils s'y installèrent pour continuer leur œuvre.

–Unissons-nous, dit la déesse Izanami. Ainsi, nous pourrons engendrer les pays, les montagnes, les vallées et les fleuves.

Izanagi hocha la tête et ajouta en souriant :

–Alors il faudrait que nous fassions à nouveau connaissance, comme si nous étions étrangers l'un à l'autre.

À côté de leur palais, ils firent surgir une immense colonne qui rejoignait les cieux. La déesse la contourna du côté droit, et le dieu du côté gauche, comme le veut la coutume. Mais la coutume voulait aussi que ce soit l'homme qui s'adresse le premier à la femme. Or, quand les deux divinités se rencontrèrent, au pied de la colonne, Izanami s'écria :

–Quelle joie de te rencontrer ici, beau jeune homme !

Erreur funeste. Un enfant naquit alors de cette union, mais ses parents refusèrent de le reconnaître. Ils le déposèrent dans une barque en roseau et le poussèrent vers le large. Ce fut l'île d'Awa.

Troublés par cette naissance malheureuse, Izanagi et son épouse demandèrent conseil aux divinités célestes.

–Que l'homme prenne la parole le premier, et il en sera tout autrement, leur fut-il répondu.

Ils s'exécutèrent. Lorsqu'ils se rencontrèrent à nouveau au pied de la colonne, ce fut Izanagi qui s'exclama :

– Quel bonheur de croiser ton chemin, ô belle jeune fille.

La tradition était respectée, et de cette union naquit une myriade d'îles, qui forment aujourd'hui le Japon, ainsi que les dieux du Vent, de l'Arbre, de la Montagne, du Torrent, et bien d'autres encore.

Hélas, il était dit que leur histoire ne serait pas heureuse.

Le dernier-né fut le dieu du Feu qui brûla cruellement Izanami en venant au monde, et si fort qu'elle en mourut.

Izanagi fut inconsolable. Il se mit à sangloter en voyant sa femme morte, et de ses larmes naquit la déesse du Ruisseau-gémissant. Puis, furieux contre ce fils qui lui avait ôté son épouse, il lui trancha la tête d'un coup d'épée. Les gouttes de sang qui tombèrent en pluie sur la terre donnèrent naissance à d'autres dieux.

Ainsi se forma, par l'union d'Izanami et d'Izanagi, mais aussi par la mort, le feu, les larmes et le sang, cette Terre sur laquelle nous sommes aujourd'hui. Cela ressemble fort à la danse éternelle des hommes, vous ne trouvez pas ?

Pour aller plus loin

Lorsque les ancêtres japonais s'installèrent au Japon, ils rencontrèrent différentes tribus qu'ils soumirent et assimilèrent. Les mythes locaux se mélangèrent aux légendes étrangères véhiculées par les contacts que le Japon avait avec le Chine et la Corée. Ils donnèrent naissance à des mythes complexes, issus des origines de la famille impériale japonaise. Ces récits ont été conservés par la tradition orale grâce aux *katari-be*, « récitants » qui racontaient les anciennes légendes au cours des grandes fêtes shintoïstes.

Le Pêcheur et le chasseur

illustré par Violaine Leroy

Adapté de la mythologie japonaise

À partir de 7 ans *4 minutes* *Les frères ennemis*

Hosusori et Hikohohodemi étaient fils de dieux. Leur père était Ninigi, descendant du Soleil, et leur mère se nommait Kono-Hana-Sakuya-Hime, elle-même fille du dieu de la Montagne.

Hosusori décida d'asseoir son empire sur l'eau et devint un pêcheur redoutable. Congre, murène, thon ou même le cruel requin blanc, nul poisson n'échappait à son harpon d'ivoire. Décidait-il de pousser sa barque dans les recoins les plus reculés des îles, ou dans les courants les plus dangereux ? Il revenait au crépuscule, les nasses remplies d'une cargaison frétillante.

Son cadet, Hikohohodemi, avait choisi le ciel et la terre. Jamais on ne vit chasseur plus adroit. Hérons, canards ou renards, ses flèches atteignaient toujours leur cible. Le soir, au retour de la chasse, sa gibecière de soie et de cuir débordait de gibier.

Un jour, par jeu, les deux frères échangèrent leurs armes. Hikohohodemi se fit pêcheur, et Hosusori, chasseur.

– Rendez-vous à la tombée de la nuit, frère, dit Hosusori, et nous comparerons nos butins.

Ils se mirent à rire et partirent à l'aube. Le soir, le retour fut plus chagrin. L'un n'avait pas pêché la moindre sardine, ni l'autre tué la moindre perdrix.

– Il ne faut pas brusquer la nature, ricana Hosusori. Voilà ton arc et tes flèches. Rends-moi donc mon harpon.

Mal à l'aise, Hikohohodemi rendit son harpon à son frère, qui poussa aussitôt un cri de rage.

– Par Amaterasu, ceci n'est pas mon harpon !

C'était vrai. Hikohohodemi avait perdu le harpon d'ivoire dans la mer et ce qu'il tendait à son frère, il l'avait déniché dans le palais de son père.

– Je veux mon harpon favori, tu m'entends ! hurla Hosusori.

Trois, cinq, dix fois Hikohohodemi tenta d'abuser son frère en lui présentant d'autres harpons, mais Hosusori se montra intraitable. Il commença à insulter Hikohohodemi, et à raconter partout dans le pays qu'il était un voleur. Tant et si bien qu'un soir, le frère cadet s'enfonça dans la mer pour retrouver le fameux harpon.

Il chercha longtemps, parmi les coraux, sous les rochers, dans les repaires des poulpes et des pieuvres. Sans résultat. Jusqu'au jour où, assis sur un lit de lichen, désespéré, il entendit une voix qui disait :

– Tu cherches donc un trésor, à errer ainsi depuis de longs jours dans le royaume de mon père ?

C'était la fille du dieu de la Mer. Hikohohodemi se retourna et la vit. Elle était aussi belle qu'un clair matin de printemps, avec ses longs cheveux qui ondoyaient dans le courant comme des algues blondes, et

son diadème de corail. Il en tomba éperdument amoureux, et la jeune fille ne fut pas insensible au regard noir du jeune homme.
Il lui raconta son histoire. Sans un mot, elle lui prit la main et l'entraîna dans le château du dieu de la Mer. Quand celui-ci eut compris ce qu'Hikohohodemi cherchait, il rit de bon cœur.
– Je connais mon empire dans ses moindre recoins, mon garçon. Je sais où est le harpon de ton frère.
Il fit un geste et, l'instant d'après, une grande raie ramenait le harpon sur son large dos.
Hikohohodemi était émerveillé. Il le fut plus encore lorsque le dieu de la Mer, qui décidément voyait tout, lui donna la main de sa fille. Et ce ne fut pas tout : il reçut en présent deux joyaux merveilleux. L'un faisait monter la marée, l'autre la faisait descendre.
– Peut-être pourras-tu te faire pardonner en offrant ceci à ton frère. Pour un pêcheur, c'est une bien belle chose que de pouvoir commander aux marées.
Hikohohodemi était comblé. Il remonta donc à la surface avec son épouse, le harpon sur l'épaule. Il serrait dans sa poche les deux bijoux.
Quand il revit son frère, sur la plage de sable jaune, il lui tendit le harpon d'ivoire. Hosusori était rancunier. Il arracha l'arme des mains de son frère et se mit dans une colère plus grande encore.

– Qui sait si tu ne me voleras pas mes filets, maintenant, ou mes nasses !

Il menaçait même Hikohohodemi de la pointe de son harpon. Le cadet plongea alors le premier joyau dans la mer et la marée envahit la grève, si fortement qu'elle bouscula Hosusori qui roula dans l'écume et les tourbillons. Hikohohodemi, qui était monté sur un gros rocher, le regarda s'agiter un moment dans les eaux furieuses.

– Au secours ! Frère, aide-moi, je t'en prie ! Je serai ton esclave ! criait Hosusori, déjà à moitié noyé.

Alors Hikohohodemi jeta le second joyau dans la mer, et la marée se retira aussi soudainement qu'elle était montée.

L'aîné gisait sur le sable. Sa respiration était haletante. Il regarda un moment son frère, et lui sourit enfin.

– Fais de moi ce que tu veux, maintenant.

L'autre le releva.

– Je veux juste que tu sois mon frère bien-aimé, comme autrefois, dit-il.

C'est ce qui arriva. Du fond de son château sous les flots, le dieu de la Mer songea qu'il avait là un gendre bien généreux. Sa fille allait sans doute devenir la plus heureuse des femmes. Et c'est ce qui arriva aussi.

Ulysse et les sirènes

illustré par Sébastien Chebret

Adapté de la mythologie grecque

À partir de 7 ans | *4 minutes* | *Un chant mélodieux*

Circé la magicienne l'avait prévenu. Quand Ulysse prit la mer sur son vaisseau rapide pour cingler vers Itaque, il savait qu'il allait rencontrer les plus grands dangers. Sa route serait parsemée d'effroyables pièges, et il lui faudrait la plus grande prudence pour les éviter, ou le plus grand courage pour les déjouer.

– Tu croiseras des monstres immondes, Ulysse, qui chercheront à t'entraîner dans les profondeurs de la mer.

Elle avait baissé la voix comme si elle craignait d'être entendue.

– Crains surtout les sirènes, mon ami. Ces êtres-là, sous des apparences trompeuses, sont les pires de toutes les créatures. Sache qu'autour d'elles, le sol est jonché des ossements blancs de leurs victimes.

Puis Circé avait glissé à l'oreille d'Ulysse une ultime recommandation :

– N'écoute pas leurs chants, si mélodieux soient-ils. Ils te conduiraient jusqu'à ta mort certaine.

Comme la magicienne avait raison ! Car bientôt, approchant d'un îlot rocheux, Ulysse et ses compagnons virent des formes sur l'herbe. C'étaient des êtres bizarres, au buste de femme et au corps d'oiseau. Elles se dandinaient sur la prairie comme une troupe de dindes maladroites.

Accoudés au bastingage, les marins se mirent à rire. Ces monstres-là ne semblaient pas bien dangereux. Et quand les créatures, pinçant les lyres qu'elles tenaient dans leurs mains, commencèrent à chanter, ils prêtèrent l'oreille avec complaisance.

– Vous qui passez sur les flots calmes, disaient-elles, marins fougueux,

géants des mers, vous dont la bravoure est connue à travers le monde, rejoignez-nous sur la grève et partagez nos jeux.

Leurs voix étaient exquises. Déjà, l'homme qui tenait le gouvernail pesait sur sa barre pour rejoindre l'îlot. Mais, reconnaissant les monstres à la description qu'en avait faite Circé, Ulysse dit :

– Ce sont les sirènes, mes amis ! Surtout ne les écoutez pas ! Elles veulent notre perte !

Les marins le regardèrent en haussant les épaules. Allons, ces créatures ne désiraient rien de plus qu'une compagnie de quelques instants. D'ailleurs, leur chant résonnait de nouveau, et s'adressait cette fois à Ulysse :

– Ô roi d'Ithaque, toi le héros tant vanté, gloire des Achéens, toi qui as mis à mal tant et tant d'ennemis valeureux, viens à nous, arrête ton navire. Nous te conterons la splendide légende des Grecs guerroyant sous les murs de Troie. Viens écouter les récits divins de tes exploits.

Comme ses compagnons, sensibles à la délicieuse complainte, saisissaient leurs rames pour souquer vers le rivage, Ulysse hurla :

– Par Minerve, avez-vous envie d'entendre vos os craquer sous les dents de ces monstres griffus ? Écoutez votre capitaine, compagnons ! Ou ces femmes aux serres d'oiseau vous dévoreront le cœur !

Les paroles d'Ulysse firent mouche. Il y avait dans sa voix une terreur qui les cloua sur place. Ils s'en remirent à lui.

– Enfoncez des boules de cire dans vos oreilles, poursuivit Ulysse, et attachez-moi au grand mât du vaisseau. Quand je n'entendrai plus le chant des sirènes, je saurai que le danger est passé.

Ainsi fut fait. La cire rendit les marins sourds aux voix ensorceleuses des terribles créatures, et, souquant comme des forcenés, ils purent arracher le navire à ces tristes parages.

Lié au mât, seul homme à bord à entendre les monstres lui chanter leurs suaves refrains, Ulysse regretta aussitôt sa décision : il supplia ses compagnons de le laisser sauter dans la mer.

– Sottises que cette prétendue légende ! clamait-il. Ces femmes au corps d'oiseau sont mes amies ! Déliez-moi ! Je veux rejoindre ce paradis enchanteur où je serai reçu comme un roi !
Mais personne ne l'entendit.
Lorsque le navire fut loin à l'horizon, et que les voix monstrueuses se turent, Ulysse remercia Zeus d'avoir ainsi été lié au grand mât, sans qu'il pût défaire ses liens. Le chant des sirènes l'aurait perdu à coup sûr, tout héros qu'il fût.

Le vaisseau reprit sa route vers Ithaque. Ulysse était songeur. Il avait encore dans l'oreille toutes les délicieuses paroles des sirènes.
– Ô roi d'Ithaque, toi le héros tant vanté, gloire des Achéens, toi qui as mis à mal tant et tant d'ennemis valeureux, viens à nous, arrête ton navire. Viens écouter les récits divins de tes exploits.
Quelle tristesse que ces créatures aux propos enchanteurs fussent de tels monstres sanguinaires. Par Zeus, ce qu'elles disaient était bien agréable.

Flots et usage de flots

Les Filles de la flibuste

illustré par Sébastien Chebret

À partir de 7 ans | *4 minutes* | *Des femmes pirates*

Pantalon, baudrier de cuir, foulard serré autour de la tête et pistolets à la ceinture, John Read avait l'allure d'un flibustier ordinaire. Il arborait même un gigantesque sabre, d'une lame large de plus de trois pouces.

Ce qui était moins ordinaire, c'était que John s'appelait en réalité Mary.

Eh oui ! John Read était une femme ! Comme la loi de la flibuste interdisait d'avoir une femme à bord, Mary n'avait trouvé que cette solution pour réaliser son rêve de toujours : faire partie de l'équipage du terrible Rackam le Rouge, qui terrorisait les côtes de la Jamaïque.

Tout le monde croyait donc avoir affaire à un homme et peut-être aurait-elle pu longtemps garder le secret. Mais le destin a de ces facéties !

Figurez-vous qu'à bord du bateau battant pavillon noir, il y avait une autre femme ! Anne Bonny, la propre fiancée de Rackam le Rouge ! La loi étant identique pour tous, Rackam avait demandé à Anne de se déguiser en garçon, pour l'avoir auprès de lui.

Ce qui devait arriver arriva : Anne tomba amoureuse de John Read, ce beau matelot qu'elle prenait pour un homme. Mary lui avoua bien vite la vérité et les deux jeunes femmes devinrent très amies. Cela ne

fut pas du goût de Rackam, qui continuait à voir en Mary l'un de ses hommes. Sa fiancée acoquinée à un marin, c'était trop fort ! Vert de jalousie, il s'apprêtait à pourfendre la malheureuse Mary, lorsqu'Anne lui avoua le secret de son amie.
Rackam remit son sabre au fourreau et accepta de garder le silence, pour l'amour de sa belle. Dès lors, son vaisseau fut sûrement le seul à compter ainsi deux femmes dans l'équipage !
L'histoire est déjà curieuse, j'en conviens. Mais elle ne s'arrête pas là.

Un jour de mai, Rackam le Rouge captura un navire marchand. Parmi les prisonniers, il y avait un jeune homme, qui plaisait beaucoup à Mary Read. Si fort, même, que la flibustière se jura de l'épouser. Cependant, pour l'approcher plus facilement, elle ne lui confia pas son secret. Ce fut sous le costume de John Read qu'elle aborda le prisonnier.
Les deux jeunes gens se prirent d'une vive sympathie l'un pour l'autre. Un jour enfin, John décida de redevenir Mary, et avoua son sexe en même temps que son amour. Ils tombèrent dans les bras l'un de l'autre. Mais le jeune homme eut soudain les yeux pleins de larmes.
– J'ai peur que ma compagnie ne te fasse bientôt gravement défaut, Mary.
Il avait eu le matin même une grave querelle avec un marin du bord. Comme le voulait la coutume, rendez-vous avait été donné à terre, pour que les deux hommes y croisent le fer et règlent définitivement leur dispute.
Définitivement. Cela signifiait la mort pour le vaincu. Et le marin était un redoutable gaillard, qu'on nommait Taille-Rapière, à cause de la manière qu'il avait de briser les lames de ses adversaires par de terribles moulinets. Le jeune prisonnier n'avait aucune chance. Taille-Rapière n'en ferait qu'une bouchée.
Mary n'hésita pas. Elle fonça sur le marin et l'apostropha :
– On dit que ton crâne est aussi vide qu'une baudruche, et que le vent y souffle dru, Taille-Rapière !

Flots et usage de flots

Une baudruche ! Personne ne l'avait jamais traité de cette façon sans le payer chèrement, ventrebleu !

– John Read, mon garçon, je vais t'envoyer tirer la barbiche de Satan ! grogna Taille-Rapière.

Il dégaina son sabre et le fit tournoyer au-dessus de l'insolent.

Mary était habile escrimeuse. Ce n'était pas son premier duel. Elle para d'un coup adroit l'assaut de la brute et, plongeant la main dans sa chemise, elle en sortit un énorme pistolet qu'elle déchargea sur Taille-Rapière. L'autre en resta coi. Et même mort, à vrai dire.

Mary Read venait de sauver son bonheur.

Il fut de courte durée. Quelques semaines plus tard, les Anglais capturèrent Rackam le Rouge, son navire et son équipage, sans distinction de sexe, cette fois.

Mary Read mourut d'une mauvaise fièvre dans sa prison. Quant à Anne Bonny, qui attendait un enfant, elle échappa à la pendaison. Certains disent qu'elle regagna sa Bretagne natale et y passa tranquillement le reste de sa vie ; d'autres qu'elle s'occupa d'un pub sur la côte sud. Mais on raconte tellement de choses…

Pour aller plus loin

On regroupe indifféremment sous le terme de « flibustiers », les corsaires et pirates qui – entre le XVIe et le XVIIe siècle – s'attaquent à la puissance espagnole, qu'ils en aient l'autorisation ou pas. Les flibustiers vivaient en bandes dans les îles de la mer des Antilles et s'appelaient, entre eux, « les frères de la côte ». Leur singulière association était régie par un certain nombre de lois, souvent impitoyables.

La Fin de Barbe-Noire

illustré par Violaine Leroy

À partir de 7 ans — *5 minutes* — *Un pirate en enfer*

Edward Teach. Ce nom ne vous dit rien, sans doute. C'est qu'en Angleterre, à cette époque, il y avait beaucoup d'Edward Teach. Mais celui-là avait le visage mangé par une épaisse barbe sombre. Ce qui lui valait le sobriquet de Barbe-Noire.

Barbe-Noire ! Ah ! Vous froncez les sourcils ! Barbe-Noire, oui ! Le terrible flibustier qui hanta les côtes de Floride !

C'était le pire de tous. Il courait sur son compte des histoires à faire trembler les plus téméraires. On disait que dans les combats, sa tête fumait comme les feux de l'enfer ! Illusion ! En réalité, il tressait dans ses cheveux et sa barbe des mèches de chanvre, qu'il allumait, et qui se consumaient lentement. Ainsi ses ennemis croyaient-ils que le crâne du forban brûlait, tandis qu'il combattait !

Malin, ce Barbe-Noire. Mais courageux, aussi : un jour qu'il avait bu un peu trop de rhum, il emmena avec lui quelques hommes tout aussi soûls que lui dans la soute aux poudres.

– Je vais allumer un feu de tous les diables ! hurla-t-il. On verra bien qui sortira le dernier d'ici !

Il ferma les écoutilles, boucha tous les orifices, et mit le feu à quelques pots de soufre. La fumée devint horriblement épaisse. Le danger d'explosion était énorme. Mais ce ne fut que lorsque ses compagnons, suffoquant, toussant, le supplièrent de cesser cette fichue folie que Barbe-Noire éteignit le feu et ouvrit les écoutilles.

Terrible individu, oui ! Quand on lui demandait si quelqu'un connaissait le lieu où il entassait ses butins, il ricanait :

– Un seul, garçon ! Le diable ! Et cornebouille ! je ne sais qui de lui ou de moi ira en enfer le premier ! Au survivant le magot, en tout cas !

La Fin de Barbe-Noire

C'est ce sinistre personnage que rêvaient de mettre hors d'état de nuire nombre de capitaines. Parmi eux, le lieutenant de vaisseau Robert Maynard. Ce jeune officier commandait alors quatre chaloupes armées et équipées par le gouverneur de Virginie. Ce fut lui qui causa la perte de Barbe-Noire. Voici comment.

C'était une nuit sans lune. Le navire de Barbe-Noire était ancré à proximité de l'île Okerocok. À bord, tout était tranquille. Les flibustiers buvaient, ou dormaient. Assis à la proue, Barbe-Noire avalait force godets de rhum, comme à l'ordinaire. Il vit des ombres glisser sur la mer, filant vers son vaisseau.
– Fichtre dieu ! Voilà des coquins qui viennent nous chatouiller les pieds, gloussa-t-il.
Ce vieux forban n'était pas homme à paniquer. Il hurla quelques ordres et bientôt les vingt-cinq hommes d'équipage étaient à leur poste.

Les canons se mirent à tonner sur les chaloupes qui s'avançaient toujours. En même temps, les pirates cherchaient à gagner la haute mer. Là où ils fileraient hors de portée des assaillants.

Hélas, les courants rejetèrent le navire de Barbe-Noire vers un banc de sable où il s'échoua. Dans les chaloupes, on avait compris. L'ennemi était à portée. Malgré les bordées de boulets qui roulaient autour de lui, Robert Maynard fit accélérer la cadence des rames. Peu après, les chaloupes frôlaient le flanc du gros navire immobile.

Son verre de rhum à la main, Barbe-Noire scruta l'obscurité, l'œil furieux.

– Où êtes-vous donc, bande de sacristains à lorgnons ! Je vais vous renvoyer à Satan, aussi vrai que je suis Barbe-Noire, par la Malemort !

Maynard, qui était à l'avant de la première chaloupe, répondit aussitôt :

– Faudrait que tu y vois clair, vieille baudruche roussie ! C'est moi qui vais te frotter les côtes, et d'ici peu !

Être insulté par un blanc-bec ! Nom d'une ventrèche poilue ! Le sang de Barbe-Noire ne fit qu'un tour.

– Que Lucifer m'avale si un seul d'entre vous en réchappe, mes lascars !

Une nouvelle volée de mitraille tirée par ses canons déchira la nuit, faisant de grands dommages chez l'adversaire. Le lieutenant Maynard fit ramasser les blessés et, pour éviter une autre bordée, ordonna à tous les rescapés de descendre dans la cale. Il resta seul, à la droite du timonier.

Voyant le pont de la première chaloupe désert, Barbe-Noire fut pris d'un rire dément.

– Par la vile peste ! On les a eus !

Et, à la tête du reste de ses hommes, il sauta dans l'embarcation ennemie en hurlant :

– Pas de quartier, garçons ! Pas de quartier !

Mais Maynard surgit soudain devant lui, braquant sur lui un pistolet.

Barbe-Noire tira le premier et le manqua. Le coup de feu du lieutenant le toucha légèrement à l'épaule. Qu'à cela ne tienne ! Le pirate sortit son grand sabre d'abordage et les deux hommes engagèrent un duel terrible, tandis qu'autour d'eux le combat faisait rage : les matelots de la chaloupe étaient brusquement sortis de leur cachette et fondaient sur les pirates.
– Marin d'opérette ! hurlait Barbe-Noire. Je vais te faire avaler ta lame !
Et l'autre de répliquer :
– Vieux sacripant décati ! C'est toi qui va goûter mon sabre !
Cris, hurlements, coups de feu, claquements de ferraille. Le tumulte était à son comble. Les pirates commençaient à avoir le dessus.

C'est alors que, d'un coup terrible, Barbe-Noire brisa net la lame de Maynard. Il s'avança pour l'achever lorsqu'une balle l'atteignit à la tête. Le pirate tournoya un moment sur lui-même, puis, comme si le choc n'avait fait que le frôler, il leva une nouvelle fois son sabre sur le lieutenant. Ce furent trois, cinq, dix balles qui lui trouèrent le corps, et tout autant de coups de sabre. Il s'écroula enfin, foudroyé, tout en déchargeant son pistolet vers les étoiles.
Chez les pirates, ce fut la débandade. La mort de leur capitaine sonnait leur fin. Certains se jetèrent à l'eau, d'autres se rendirent sur le champ.
Robert Maynard avait vaincu Barbe-Noire.
Le redoutable flibustier était désormais aux côtés de son compagnon de toujours : le diable. Peut-être en rient-ils encore tous deux, aujourd'hui, dans la nuit sombre de l'enfer.

Le Chat et la souris

illustré par Elsa Fouquier

À partir de 8 ans — 5 minutes — Le pirate Surcouf

La souris s'est-elle jamais attaqué au chat ? Le serin à l'aigle ? Le chien à l'éléphant ? Vous me répondrez que non, et vous aurez raison. Les animaux ne sont pas fous. Mais les hommes ? Et surtout les corsaires ? Voyez Surcouf, le Malouin, lorsqu'à la tête de la Confiance, il livre bataille au Kent.

Vous froncez les sourcils. Et alors ? dites-vous.

Alors voilà : la Confiance est un petit trois-mâts, léger comme la brise, fort de cent trente hommes et armé de dix-huit canons. Quant au Kent, gros navire de la Compagnie des Indes, il est long de cinquante-trois mètres, compte quatre cent trente-sept soldats et pas moins de trente-huit pièces d'artillerie.

Vous commencez à comprendre. Ce 7 octobre 1800, la souris Confiance attaque le matou Kent. Ni plus, ni moins.

Inutile de vous dire que sur le gaillard avant du Kent, le général Saint-John et son second, le capitaine Rivington sont pris d'un sacré fou rire quand ils aperçoivent le trois-mâts battant le pavillon français.
– My God, sir ! ricane le second, que diable nous veut cette ridicule coquille de noix ?
Saint-John ajuste sa lunette.
– Ce sont des corsaires, Rivington. Ces gens-là sont des voyous.
– Des voyous, ça s'expédie par le fond, sir, crie l'autre.
– Faites comme bon vous semble, mon ami, mais rapidement. Je ne veux en aucune façon troubler mes passagers.
– Au contraire, sir, ça leur fera du spectacle !
Le capitaine dégringole le gaillard avant, ordonne aux canonniers de se tenir parés à ouvrir le feu, et court prévenir mesdames et messieurs les passagers qu'en l'honneur du roi George III, le commandant du Kent leur offre un spectacle de choix : l'envoi par le fond d'un corsaire français, et dans les délais les plus brefs.
Applaudissements. Tout le monde grimpe sur le gaillard avant, et les élégantes ouvrent leurs ombrelles pour se protéger du soleil.
– Mon cher, c'est une idée merveilleuse, roucoule la comtesse de Chatham, troisième du nom.
– Et nous sommes aux premières loges, renchérit sa cousine.
Le général Saint-John bougonne. Certes, l'issue du combat est prévisible, mais de là à confondre un combat naval, fût-il une escarmouche, avec une soirée de gala !
C'est lui qui donne l'ordre de tirer. Les dix-neuf pièces bâbord ouvrent donc le feu. Sans résultat : la Confiance est si basse sur la mer que les boulets lui passent largement au-dessus.
– Attendez qu'il se rapproche ! hurle Rivington. Il sera plus vulnérable !
La Confiance se rapproche, en effet, et dangereusement. Car Robert

Surcouf est un fin manœuvrier, et, avec ce trois-mâts si rapide, il échappe par trois fois aux bordées de l'Anglais.
Saint-John est inquiet. Bien sûr, il va l'envoyer au fond, cet avorton français, mais la partie est un peu plus compliquée que prévue. Il en profite pour expédier marquises et comtesses dans leurs cabines. Une balle est si vite perdue.
La Confiance est toute proche, à présent. Les canons du Kent l'ont à peine endommagée. Si ! Un boulet anglais fauche le mât de misaine, qui s'écroule à grands fracas. Aubaine ! C'est par ce pont improvisé que Surcouf et ses hommes se ruent à l'abordage !
– En avant, garçons ! Feu à volonté ! crie Surcouf.
Les Anglais refluent sous la mitraille et cèdent un moment à l'assaut des Français. Mais ils sont quatre fois plus nombreux ! À chaque seconde, de nouveaux soldats sortent des écoutilles. Et Surcouf a beau se battre comme un lion, aidé du fidèle Bambou, son serviteur noir, l'avantage va tourner du côté des Anglais, emmenés par un capitaine Rivington en furie.
C'est alors que le corsaire fait tourner les gueules des canons du Kent contre les Anglais et les prend à revers. Habile manœuvre qui assomme l'ennemi, et l'oblige à reculer. Mais Rivington électrise ses soldats, et repart de plus belle à l'assaut. Une grenade l'abat. Sans leur chef, les hommes du Kent sont désorientés. Ils reculent dans l'entrepont, que Surcouf fait boucler. Les Français tiennent la victoire. Mais non ! Saint-John pointe deux canons sur la dunette, où sont massés les corsaires. Tout peut basculer encore. Et c'est Surcouf, dans un geste désespéré, qui va sauver la situation : il balance un tonneau rempli d'eau sur les pièces, noyant la poudre, et les rendant inutilisables.
C'est fini. Surcouf est maître à bord. Quelques-uns de ses hommes se battent encore, dans le long boyau sombre et enfumé de l'entrepont. Surcouf les rejoint, leur ordonne de cesser le combat. Terrible imprudence ! Un Anglais se précipite sur le Malouin, le sabre à la main. Ventredieu ! C'en est fait du Français ! Mais Bambou est là, qui sauve son maître d'un coup de pistolet.

Flots et usage de flots

Cette fois, le combat est terminé. Saint-John, beau joueur, remet son épée au Malouin et s'incline devant la bravoure de l'adversaire.

La souris a dévoré le chat.

Deux semaines plus tard, la Confiance rejoint Port-Maurice, flanquée du Kent, battant désormais pavillon français. Surcouf est acclamé, fêté. On le sacre « Roi des corsaires ».

La prise est belle. Le Kent regorge de richesses. Entre autres, des barils pleins d'or. L'Amirauté française réclame la moitié du butin. Surcouf s'étrangle de fureur. Quoi ! Ses marins se sont battus comme des lions ! Ils ont terrassé l'un des plus beaux fleurons de la Marine anglaise et on leur confisquerait la moitié de la prise ! Ma Doué, c'est trop fort !

Il insulte les gens de l'Amirauté de tous les noms d'oiseau qu'il connaît, rentre à bord, fou furieux, et ordonne de jeter à l'eau l'or du Kent. Les marins ricanent. C'est une farce, pensent-ils.

– Fichez-moi ça dans les flots, garçons, sacrebleu ! hurle Surcouf.

La mort dans l'âme, on s'exécute. Et, à la chaloupe de l'Amirauté qui vient récupérer le butin, le Malouin lance :

– Allez donc fouiller la vase du port, messieurs de la Marine ! Et tâchez de garder les mains propres !

Tel fut Robert Surcouf, corsaire du roi. Parfois souris, parfois chat. Toujours renard !

Pour aller plus loin

Dérivé d'un mot italien qui signifie « courir », le terme « corsaire » apparaît dans notre langue au XVIe siècle. La « course » consistait à traquer et piller les navires marchands ennemis, en temps de guerre. Le capitaine qui armait un bateau, demandait à son souverain, une « lettre de marque ». Elle lui était délivrée au nom du roi et prouvait qu'il n'était pas un pirate. En contrepartie, le corsaire devait remettre à son roi la plus grande partie du butin.

Le Premier Robinson

illustré par Elsa Fouquier

À partir de 6 ans — *4 minutes* — *Robinson Crusoé*

Le capitaine Dampier vissa sur son œil sa grosse lunette et balaya l'horizon. Rien de rien. La mer était aussi lisse qu'une cuisse de poulet plumé ! Le coin était calme. Trop calme, nom d'un cabestan ! Ah, si un galion espagnol ou anglais pointait son foc à l'horizon, la vie serait diantrement belle. Mais depuis que le brick flibustier croisait au large du Pérou, il n'y avait rien à se mettre sous la dent. Bon sang d'artimon, cela ne valait rien aux hommes d'équipage ! Un bon accostage, des coups de sabre d'estoc et de taille, quelques salves de canons, voilà qui leur aurait redonné du cœur au ventre.
Dampier se retourna, alerté par des cris, à l'avant du brick. En un clin

d'œil, il reconnut ce grand énergumène de Selkirk, armé d'un manche de pelle, et qui faisait des moulinets à tours de bras devant le maître d'équipage, acculé sur la passerelle avant.
Selkirk ! Ce diable de vaurien qui ne pensait qu'à se battre et à s'enivrer !
Dampier fonça droit sur les deux hommes et pointa son pistolet sur Selkirk.
– Un geste de plus et je t'abats comme un chien !
L'autre s'arrêta net. À bord, il n'y avait que le capitaine pour mater cet énorme gaillard, et c'était déjà arrivé plus d'une fois.
– Selkirk, mon garçon, tu m'échauffes les oreilles ! hurla Dampier.
L'homme baissa sa pelle, l'air penaud.
– J'm'ennuie, cap'taine. Faut bien passer le temps !
Dampier fit un geste à quelques-uns de ses hommes. Aux fers. Pour calmer l'olibrius, c'était la seule solution. Alexandre Selkirk fut emmené à fond de cale sur le champ.
– J'me vengerai, cap'tain, j'le jure !
Dampier ricana. Avec des fers aux pieds, l'homme pouvait bien essayer !
C'était sans compter avec la rage de Selkirk. Dans l'obscurité de la cale, écumant d'une sainte colère, le pirate avait réfléchi à sa vengeance. Et il trouva vite. Entendant le lent grignotement des tarets, ces petits mollusques des mers chaudes qui creusent des galeries dans le bois des coques, il dénicha un clou dans sa poche et commença à agrandir quelques-uns des trous.

Avec un peu de patience, à la longue, il réussirait bien à ouvrir une voie d'eau sur ce sacré rafiot, et alors, bien le bonjour au naufrage ! Cela ne ferait ni une ni deux, par Lucifer !
Il creusa, creusa. Il creusa tant et plus qu'au bout de deux jours, l'eau commença à sourdre de la paroi de la coque. Déjà un mince filet ruisselait derrière lui.
C'est alors qu'il eut peur. Peur pour lui, peut-être, mais aussi il songea à la mort affreuse de tous ses camarades. Même si celle du capitaine et de son maître d'équipage lui faisait plaisir, il ne pouvait pas condamner tous les autres à la noyade ! Les pires des pirates arrivent à avoir des remords. Il appela à l'aide et avoua tout.
Dampier ne décoléra pas. Saperlotte de triquet à merluche, ce fichu énergumène avait bien failli les faire tous périr ! Il fit monter le coupable sur le pont et le secoua comme un cocotier.
– Tu sais ce qu'il en coûte aux canailles de ton acabit, vaurien !
Selkirk hocha la tête. Il savait. La coutume voulait qu'il soit abandonné séance tenante sur l'île déserte la plus proche, avec un fusil, quelques balles, du plomb et un baril d'eau douce. Ni plus ni moins.
Des îlots déserts, il n'en manquait pas dans ce coin-ci du globe.
Trois jours plus tard, Alexandre Selkirk fut débarqué sur l'île de Juan-Fernandez, sur la grève de sable gris. D'un air absent, il regarda la chaloupe repartir vers le brick. Il se savait condamné. Et ce n'étaient pas les maigres bagages que ses camarades lui avaient laissés qui allaient le sauver. Seul au milieu de l'océan, comment aurait-il pu échapper à la mort ?
Et pourtant…

Ce fut dans une taverne de Londres que Daniel De Foe, aventurier, commerçant, mais aussi écrivain, entendit parler d'un homme ayant vécu plus de huit ans sur une île déserte du Pacifique. Il se fit raconter son histoire, qui courait alors Londres. Dans sa prison perdue de sable et d'eau, le naufragé avait subsisté, tant bien que mal. Il s'était nourri de tortues, de coquillages. Il avait piégé volaille et gibier, s'était protégé des intempéries dans une grotte. On l'avait recueilli par hasard, alors que l'équipage d'un navire de passage relâchait dans l'île pour couper quelques arbres.

Extraordinaire hasard, en vérité. Comme était extraordinaire que l'homme ait pu survivre aux animaux sauvages, au froid, à la solitude et à la détresse.

Cet homme, c'était Alexandre Selkirk, flibustier, tête brûlée, et le modèle de Robinson Crusoë, le héros du roman qu'écrivit Daniel De Foe en s'inspirant de cette histoire.

Drôle d'histoire et drôle de modèle, vous ne trouvez pas ?

L'Évasion de Tom Souville

illustré par Violaine Leroy

À partir de 7 ans

5 minutes

Un pirate rebelle

S'il y a une chose que Tom Souville ne supporte pas, c'est d'être enfermé à double tour. Et, pis encore pour un marin comme lui, dans un de ces navires sans mâture, cloués à la mer comme de gros papillons sans ailes, qu'on appelle les pontons. En ce jour de janvier 1797, Tom Souville, qui vient d'être capturé par les Anglais, croupit donc dans sa prison flottante, en rade de Portsmouth, à quelques miles de la côte.

Il enrage, lui, le corsaire du roi, lui qui a sillonné les mers, pourfendu et coulé tant de bricks, de frégates, capturé en un jour sept navires gorgés de thé et de soie, il enrage d'être ainsi réduit à l'impuissance,

dans ce ponton sordide. Parce qu'il est officier, il a droit à une cellule, mais en bas, dans l'entrepont, les prisonniers grouillent, la puanteur est effroyable, la maladie fait des ravages. Les sentinelles arpentent inlassablement le pont avec leurs gros souliers ferrés, comme pour mieux faire comprendre aux forçats qu'ici le temps ne compte plus, que leur destin est scellé.
S'évader ? Balivernes ! La côte est loin, bordée de vasières qu'on dit infranchissables. Des canots vont et viennent autour du ponton, prêts à pourchasser toute tentative. Quant à percer la coque, fariboles ! Il faudrait autre chose que les misérables couteaux en os ou les petits canifs qu'on dissimule sous le plancher. Non, il n'y a pas de solution. Tom Souville ronge son frein.
Pourtant, il y a Will, un jeune gardien. Dans ce damné trou à rats, entre le corsaire français et l'Anglais, une sorte d'amitié s'est nouée. Will a raconté à Tom la misère de sa famille, la maladie de sa mère, à laquelle il envoie chaque mois la moitié de sa pauvre solde. Et Tom, compatissant, toujours enclin à soulager les peines de son entourage, lui donne dix livres.
– Envoie-les à ta mère, mon garçon, elle en a plus besoin que moi.
Will est ému, il serre la main du Français.
– Je n'oublierai jamais, dit-il.

Le temps passe. Et l'espoir renaît, un jour de mars : avant d'être évacué sur un autre ponton, un officier prisonnier lui glisse :
– Jette donc un œil dans ma cellule, si tu peux !
Tom Souville peut. Grâce à ses bonnes relations avec le petit Will, il est assez libre de ses mouvements. Dans la cabine du prisonnier, surprise ! Il trouve un orifice respectable, que l'homme a commencé d'entailler, et, enveloppé dans un morceau d'étoffe, l'outil qu'il a utilisé. Tom se met aussitôt à l'ouvrage, excité à l'idée de prendre la poudre d'escampette.
Hélas, le lendemain, il est surpris par des sentinelles, en plein travail.

– Will ne nous a pas menti ! ricane un gardien.
Par tous les diables ! Will l'a dénoncé ! Tom songe avec colère à ce gringalet qui l'a apitoyé et lui a extorqué dix livres. Si un jour il tient le vaurien au bout de sa lame ! Sacrebleu ! L'âme humaine est aussi noire que les plumes du corbeau !

On change le Français de cellule. Il devient le prisonnier le plus étroitement surveillé du ponton. Ses rêves d'évasion s'envolent. Jusqu'à ce 13 avril, où l'on glisse une lettre sous sa porte. Quelques mots, écrits à la hâte : « Tout est prêt pour le 15 avril à minuit ».
Tom s'interroge. Prêt ? Qu'est-ce qui est prêt ? Et qui donc lui a passé ce message ? Est-ce un piège ? Son instinct lui dit que non.
Il fouille la cellule de fond en comble. Passe lentement sa main le long des parois de bois. Soudain, sous ses doigts, il sent quelque chose. Une rainure, dans la cloison, qu'il suit doucement. Pas de doute ! Quelqu'un a découpé un carré dans le bordé, et l'a recollé légèrement. Il suffit à Tom Souville de gratter avec ses ongles la colle pour que le panneau cède.
C'est ce qu'il va faire, pendant deux nuits, patiemment, l'espoir au cœur.

Minuit. Tom attend que les pas des sentinelles s'éloignent vers le pont avant. Encore quelques secondes et il fera basculer le panneau. Ça y est ! Tom plonge dans les eaux noires de la rade. Ce n'est que lorsque ses poumons sont sur le point d'exploser qu'il refait surface. Un coup d'œil sur le ponton : les silhouettes des gardes passent et repassent, sans se douter de rien, semble-t-il.
Alors le Français nage, de toutes ses forces. Là-bas, sur la côte, il croit voir briller une petite lumière, par moments. Se pourrait-il que… Il nage. Deux heures durant, dans cette eau sombre et glacée, il nage. Bientôt ses pieds raclent le sol. Tudieu, pourvu que ce ne soit pas une vasière ! Dans ce cas, il s'enfoncerait inexorablement. Mais c'est du

sable, du bon sable ferme sur lequel il se met à marcher, maintenant, d'une allure chancelante, épuisé qu'il est par ces efforts énormes.
La lumière a disparu depuis un moment. Il a dû rêver. Le voilà sur la grève. Il tombe à genoux, essaie de reprendre sa respiration. Soudain, près de lui, une lanterne s'allume, une ombre surgit. Il s'attend à ce qu'un coup de feu claque, et le cloue au sol.
– Welcome, mister Souville !
Cette voix ! C'est celle de Will, le gardien anglais, qui se met à rire devant la mine effarée du Français.
– Que penses-tu de ma ruse, Tom ? Toi aussi, tu t'es laissé berner !
Tom comprend tout. Si Will l'a dénoncé, l'autre fois, c'est pour qu'il change de cellule ! Une cellule dont il avait truqué la cloison ! C'est lui, bien sûr, qui a glissé le message ! Lui dont la lanterne a guidé Tom, lui évitant de tomber dans les vasières. Le Français serre dans ses bras ce jeune homme, qui vient de lui rembourser au centuple les dix livres données pour sa mère malade.
– Sacré chenapan ! Mille fois je t'ai maudit ! Il y a deux jours encore, je ne songeais qu'à te trouer la peau, mon garçon !
Une évasion à dix livres ! Ventredieu, Tom Souville n'avait pas prévu de s'en tirer à si bon compte !

La Louve des mers

illustré par Sébastien Chebret

À partir de 8 ans — *3 minutes* — *La louve de Bretagne*

La Bretagne tremble. Elle tremble sous le vent du large, elle tremble sous les coups de boutoir d'une mer déchaînée aux vagues furieuses. En ces jours d'automne de l'an de grâce 1343, elle tremble, la fière province, sous les assauts de Philippe, roi de France. Elle tombe, même, vaincue. Debout face à la mer, Jeanne de Belleville, dame de Clisson, regarde d'un œil brillant de fièvre la colère des eaux. Il lui semble que l'écume bouillonne sur les rochers comme dans son cœur. Ainsi, on la chasse de Bretagne. On la traque, on veut sa tête, et celle de ses deux fils. Ses derniers partisans se serrent autour d'elle, hagards, échevelés.

– Fuyons, madame, dit l'un d'eux. Les soldats de Philippe ne sont pas loin !

Jeanne hausse les épaules.

– Fuir ! Où cela, mon bon ? Vais-je courir encore longtemps avec mes fils sur nos grèves bretonnes, devant la meute des chiens ?

Elle montre l'horizon, à l'ouest.

– Mes ennemis m'appellent la louve de Bretagne. Je vais leur montrer ce qu'est la louve des mers.

Et, prenant dans ses bras ses enfants, qu'elle enveloppe de sa cape sombre, elle marche vers le sud. Vers Nantes.

Nantes, où elle embarque, un soir de novembre, à bord d'un vaisseau de combat, avec ses quelques compagnons.

La mer devient son empire. Jamais navire ne connut pareil capitaine. Au fil des mois, elle devient la plus féroce des combattantes. Rapide comme le vent, son vaisseau pourfend la flotte française, coule galions et caravelles par dizaines, écume les côtes de France.

Sa réputation est effroyable. Lorsqu'on voit battre son pavillon à l'horizon, sur les navires français, les gorges se serrent, les respirations s'arrêtent.

Nul quartier ne sera fait par la louve des mers, chacun le sait. Ce n'est pas qu'un bateau que celui-là, c'est toute la Bretagne conquise qui crache sa rage et sa vengeance par la bouche de ses canons. Il faut voir Jeanne, du haut du château avant, commander la manœuvre aux côtés de ses fils, décider de l'accostage, ordonner qu'on incendie, qu'on coule l'adversaire. Jamais louve n'aura davantage mérité son nom.
Philippe, roi de France, s'en émeut. Il envoie vers Jeanne ses plus fiers vaisseaux. Un jour d'été, cent navires cernent celui de la louve. Les canons vomissent leur foudre sur le bateau breton. Jeanne rend coup par coup, se défend comme une diablesse. Mais les Français sont trop nombreux. Le vaisseau de la dame de Clisson est à l'agonie. C'en est fait d'elle, pense-t-on. La louve va baisser la garde, se rendre.
C'est mal la connaître. Profitant d'une brève accalmie, Jeanne s'éloigne dans une chaloupe, avec ses deux fils. Et bientôt, souquant ferme, elle regarde son vaisseau sombrer.
Vaincue, elle pourrait abandonner, se laisser dériver. Et couler dans la plaine liquide où tant de fois elle a livré combat. Mais regardez-la ; elle appuie plus que jamais sur ses deux avirons pour échapper à la flotte française. Sauver ses fils, quoiqu'il arrive.
Une semaine. Elle erre une semaine sur une mer démontée, faisant front à la bourrasque, à la pluie, à tous les éléments qui se liguent contre elle. Pas un instant elle ne doute de son destin. La louve des mers est indestructible.
Lorsqu'elle accoste sur une côte de Bretagne, épuisée, pâle comme l'écume des vagues, ses deux grands yeux brillent encore de la même fièvre qui la poussa jadis à prendre la mer. Son combat n'est pas fini. Tant que brûlera sa haine contre Philippe, roi de France.
Elle regarde ses fils. Elle les réchauffe. Elle leur parle.
– Vous êtes toute mon armée maintenant. Vous êtes ma Bretagne.
Après tant et tant de mois de luttes sanglantes, la louve vaincue est redevenue la dame de Clisson, et une simple mère.

La Poudre d'escampette

illustré par Elsa Fouquier

À partir de 7 ans

5 minutes

De terribles évasions

Ange, il ne l'est point. Dans sa jeunesse négrier, marchand d'esclaves, menteur, tricheur, pire encore ! Mais renard, assurément. Oui, Guillaume-Marie Angenard tient vraiment du renard. Il en a la ruse, l'agilité. L'animal est vif comme la poudre d'escampette ! Songez donc : emprisonné dix fois, il s'évada dix fois. Dix fois ! Pas une de moins. Écoutez donc son histoire :

Angenard est aux Comores. Il vient d'embarquer sur le Va-Tout, une méchante chaloupe armée de deux canons. Il est sur le point d'attaquer deux bricks arabes chargés de piastres et d'ivoire, lorsqu'une frégate

française lui brûle la politesse, capture les deux bateaux et éloigne le Va-Tout de quelques salves bien placées. Il faut dire qu'Angenard et ses compagnons s'étaient barbouillés le visage de suie, et déguisés en Arabes pour mieux approcher leurs victimes.
Juste retour des choses et début des tristes péripéties de notre ami : en vue des côtes françaises, alors qu'il navigue à bord de la frégate Seine, où il est commis aux vivres, deux bateaux anglais attaquent. Les Français, Angenard en tête, se défendent comme des beaux diables, jusqu'au moment où un haut-fond déchire la coque de la Seine, qui coule corps et biens. Tout le monde est fait prisonnier. Tout le monde, sauf Angenard, qui s'échappe à la nage et rejoint le rivage après deux heures d'efforts.
Première évasion.

Quatre mois plus tard, il reprend la mer sur un brick. À peine au large, une corvette anglaise les arraisonne et capture l'équipage. Enfermé dans la cale de l'Anglais, Angenard assomme une sentinelle, et tente d'ameuter ses compagnons. Peine perdue, il est repris, et mis aux fers.
Le voilà sur le ponton Saint-Isidore, un de ces vaisseaux sans mâture qui, ancré près des côtes anglaises, sert de Bastille flottante aux prisonniers français. Le lieu est bien gardé, impressionnant. On ne s'évade pas du Saint-Isidore, dit-on.
Croyez-vous ça ? Moins de sept heures après son arrivée, le Français s'enfuit et cingle vers Cherbourg dans le petit voilier qu'il a trouvé amarré au ponton.
Deuxième évasion.

Il repart en mars 1801. Nouvelle capture. Les Anglais l'enferment à nouveau sur le Saint-Isidore. Qu'à cela ne tienne ! Angenard réussit à se faire porter malade. Incurable, dit sa feuille de soins, qu'il a truquée, bien sûr. On l'évacue sur Cherbourg.
Et de trois !

En 1803, on le retrouve à la tête d'un brick corsaire de quatorze canons. Il prend quelques vaisseaux anglais, dont le dernier va lui coûter cher. Après le combat, les vingt hommes qu'il a fait embarquer sur le bateau ennemi se soûlent et les trois survivants anglais renversent la situation, canonnant le brick d'Angenard, l'obligeant à fuir. Il est pris quelques jours plus tard. Blessé, on le rapatriera en France.
Et de quatre !

Infatigable, il repart avec Nicolas Surcouf, le frère de Robert. C'est dans l'océan Indien qu'il se fait prendre, cette fois. Mais l'équipage anglais est ivre la plupart du temps, et comme on fait appel aux prisonniers français pour diriger les manœuvres, Angenard n'a aucune peine à s'enfuir à bord d'une chaloupe.
Cela fait cinq.

Voilà notre Angenard à bord d'un navire malais, que ses compagnons et lui viennent d'enlever à l'abordage. Ils appareillent, mais les courants ne sont pas de cet avis et les renvoient vers la côte, où ils sont repris. Angenard connaîtra les prisons de Chine, puis, de retour en Europe en septembre 1806, celles de Gravesund et de Chatham, à bord d'un des plus épouvantables pontons d'Angleterre.
C'est là qu'il se jette à la mer, par un jour de grande brume, et gagne la terre ferme.
Six, vous dis-je.

Hélas, il est vite repéré et arrêté par des paysans anglais. On le ramène à bord du ponton. Il y gagne onze terribles jours de cachot, à fond de cale. Sa réputation a grandi. On craint de le voir à nouveau s'évader, ou, comme autrefois, qu'il ne provoque des mutineries. Alors on le transporte de ponton en ponton. D'abord le Rochester, puis le Bristol, dont le capitaine, un vieil ivrogne, le prend en grippe. Un soir, à la suite d'une mauvaise querelle, il veut l'envoyer au cachot. Une fois de plus. Angenard se rebelle, assomme un soldat, lui prend son arme. On lâche un énorme dogue sur le corsaire, qui transperce le molosse de sa baïonnette.
–À la garde ! hurle le capitaine.
Raisonnable, le Français jette son

arme. Mal lui en prend. Il est roué de coups, on le traîne à moitié mort sur le pont. Un chirurgien, effaré par le traitement injuste subi par le prisonnier, lui conseille de porter plainte. Ce qu'il fait. Le capitaine prend peur, supplie Angenard de retirer sa plainte, en échange d'un traitement de faveur pour tous les prisonniers du ponton. Le corsaire accepte.

Et la septième évasion, me demandez-vous ? Patience.

Soigné, vite remis, il s'évade de l'hôpital. Mais il y est ramené quelques heures plus tard. Cette fois, ce sont les dents que les gardes lui ont cassées. Le chirurgien hurle au scandale et Angenard, du coup, obtient sa libération.

Et de sept, mes amis.

Angenard s'empare d'un petit cotre et fait route vers Port-en-Bessin. C'est là qu'il obtient le commandement de la Vénus, un brick de trente canons. Il prend la mer, ivre de vengeance. Quelques combats furieux, une lutte héroïque avec un puissant navire de guerre anglais, qui lui rend hommage en le laissant partir, et de nouveau, la capture. Cette fois, on le conduit à Plymouth, où les vainqueurs, magnanimes, lui offrent un dîner somptueux. Pour les remercier, Angenard, prétextant un besoin pressant, disparaît par la fenêtre des lieux d'aisance.

Nous arrivons à huit !

Angenard a loué une voiture pour Londres. Sans doute compte-t-il aller loin. Mais au premier poste, il est arrêté, conduit au ponton Europe. Dont il s'évade le cinquième jour.

Neuf !

Angenard a oublié les vasières, qui l'engluent dans sa fuite comme un ver de terre. Il est repris peu après.

Ponton Saint-Nicolas. Le corsaire est à bout. Ses incroyables aventures, il les paye de sa santé. Il crache du sang. Le médecin, qui le prend pour un simulateur, refuse de le soigner et, pour corser le tout, le provoque en duel, à poings nus. La boxe, Guillaume-Marie Angenard connaît. Malgré son piteux état, il rosse l'Anglais. Qui, humilié, le livre aux gardes du ponton. Le Français connaît des heures noires. Ses compagnons parviennent heureusement à prévenir le commodore général des pontons, qui punit les tristes geôliers et transfère Angenard sur un autre ponton, la Panthère.

Pensez-vous que notre homme est assagi ? Nenni, bonnes gens. Il s'acoquine avec un garde qui, contre dix guinées, accepte de jouer le rôle du noyé : il se jette à la mer, Angenard plonge, repêche son complice. Habile manœuvre : le sauvetage d'un soldat de Sa Majesté est payé de retour ; la grâce, pas moins !

Angenard est bientôt de retour en France.

Voyez : nous sommes à dix. Dix, comme dix guinées ! Le compte est rond.

Oh, ce n'est pas fini ! Guillaume-Marie Angenard reprendra la mer, combattra encore maintes fois l'Anglais, aura épaule et poumon transpercés, la gangrène s'en mêlera, il en guérira.

Et il mourra dans son lit, en 1833, comme un bourgeois paisible. Ce sera là, à n'en pas douter, la dernière évasion de ce diable de renard.

Bernard Termite, apprenti pirate

À partir de 4 ans *4 minutes* *Le capitaine Grand Féroce*

Sur Le Terrifiant, l'équipage était vraiment abominable.
Rien qu'à entendre leurs noms, on avait peur : Joe-le-Teigneux, Sam N'a-qu'un-œil, Robert-le-Grizzli, et surtout, surtout, le capitaine, celui qu'on appelait le Grand Féroce, et qui portait à la ceinture un sabre d'abordage aussi long qu'un canon.
Le Terrifiant avait une épouvantable réputation sur toutes les mers du Sud.
Quand sa grand-voile rouge et or apparaissait à l'horizon, tout le monde fuyait, bateaux, poissons et oiseaux… Même le gros requin blanc changeait de cap quand il croisait dans les parages.

D'ailleurs, le Grand Féroce avait coutume de dire, de sa voix grinçante, en se frottant les mains : « Attrapez-moi le gros requin blanc pour mon petit déjeuner. »
Et les marins éclataient de rire, même si, au fond, ils n'étaient pas très rassurés. Comme vous le voyez, Le Terrifiant méritait bien son nom.

Aussi, quand les pirates accostèrent à Corto Pasta, tous les bateaux du port prirent-ils la poudre d'escampette, et Le Terrifiant put décharger tranquillement sa cargaison de rhum et d'or.
– Plus vite, brigands des mers du Sud, tonnait le Grand Féroce. Nous avons encore des bateaux à couler, aujourd'hui !
Les pirates se pressaient sur le quai avec leurs barils et leurs coffres remplis de trésors. C'est alors qu'une toute petite voix parvint aux oreilles du Grand Féroce.
– Laissez-moi monter à bord, capitaine. Moi aussi, je veux devenir un pirate.
Le Grand Féroce regarda tout en bas, sur le quai, et il vit le petit Bernard Termite coiffé d'un foulard rouge, bandeau noir sur l'œil, couteau passé à la ceinture.
– Toi, un pirate ? Toi, demi-portion ? s'étrangla le Grand Féroce.
Il éclata d'un rire tellement puissant que la grand-voile gonfla comme si le vent la prenait.
– Moi aussi, je veux couler des navires capitaine, dit Bernard Termite.
Mais Le Terrifiant était déjà reparti au large, et la mer tout entière était secouée par le rire du Grand Féroce.
Bernard Termite ne riait pas, lui. Il monta dans son petit bateau, leva la voile et s'embarqua à la poursuite du Terrifiant. Comme c'était un très habile marin, il eut tôt fait de le rattraper.
– Hé ! capitaine ! cria-t-il, déroule l'échelle, je monte à bord.
Le Grand Féroce et tout l'équipage s'accoudèrent au bastingage pour contempler la minuscule voile, la coque menue et le bambino.
– Et si je refuse, avorton ? hurla le Grand Féroce par-dessus le bruit des vagues.

– Je coulerai ton bateau, capitaine, dit Bernard Termite.

Les pirates se tapèrent sur le ventre, rigolèrent comme des bossus et burent un coup de rhum à la santé du petit. Alors Bernard Termite commença à faire des petits trous dans les flancs du Terrifiant avec son canif.

– On ne m'appelle pas Termite pour des prunes, cria-t-il au Grand Féroce.

Les pirates essayèrent bien de bombarder le petit bateau, mais les boulets passèrent largement au-dessus. Ils tirèrent des coups de tromblon, agitèrent leurs sabres d'abordage, et le Grand Féroce tenta de lui faire peur avec sa voix caverneuse, mais rien n'y fit. Allez donc chasser le moustique avec un canon !

Trou après trou, Bernard Termite continua tranquillement à percer la coque en bois.

Le Terrifiant sombra donc au fond des mers du Sud, criblé de mille petits trous.

Bernard Termite fut bon prince. Il repêcha tout l'équipage, mit le Grand Féroce aux fers et se proclama immédiatement chef des pirates.

– Désormais, vous m'appellerez le Petit Féroce, dit-il.

Joe-le-Teigneux poussa des hourras, Sam N'a-qu'un-œil l'applaudit des deux mains et Robert-le-Grizzli le serra dans ses bras. Le Petit Féroce était bien le digne fils de son père, le Grand Féroce. Les bateaux des mers du Sud n'avaient qu'à bien se tenir.

Graine de flibuste

illustré par Sébastien Chebret

À partir de 7 ans | *5 minutes* | *L'Exterminateur*

Lorsqu'on lui demande des nouvelles de son fils, le sieur de Montbars a coutume de répondre : « Ce chenapan ? Il doit être en train de ferrailler dans la salle d'armes ou de chevaucher à travers champs ! »

Et c'est vrai. Le jeune Montbars préfère de loin l'épée et le cheval aux poètes grecs ou latins. Frapper de taille et d'estoc, tirer au pistolet, galoper à bride abattue, voilà qui le comblent. Foin du calcul, de la grammaire ou de l'astronomie.

Son noble de père s'arrache les cheveux :

– Quand donc vas-tu enfin être raisonnable, mon fils, et cesser de

t'agiter comme une girouette ?

Le garçon se fâche tout rouge :

– Raisonnable, mon père ? Ce mot m'écorche la langue, tout comme les vers de vos maudits poètes !

Puis il enfourche sa monture en hurlant :

– Je ne veux qu'une chose, une seule : rompre le fer avec ces maudits Espagnols, les réduire en bouillie, en faire de la chair à pâté !

Tel est le jeune Montbars, en cette année 1667. Fougueux, indomptable et nourrissant envers les Espagnols une haine farouche. Des livres, il en a peu lus, mais l'un d'entre eux l'a ému, et révolté : celui écrit par Las Casas, qui décrit la cruauté barbare des conquistadores espagnols envers les Indiens, là-bas, en Amérique, dans le Nouveau Monde. Le jeune noble a l'âme généreuse, rebelle et batailleuse. Il se jure de châtier un jour ces guerriers sans scrupules, ces voleurs d'or, ces trafiquants d'esclaves !

L'Espagne est l'ennemie de la France ? Les Espagnols seront les siens, tous, jusqu'au dernier. Il les poursuivra partout et d'abord là où ils règnent en maître : sur la mer !

Flots et usage de flots

D'ailleurs, n'a-t-il pas un oncle capitaine de vaisseau de la Marine royale, qui donne la chasse aux Espagnols, avec lesquels les Français viennent d'entrer en guerre ?

Apprenant un jour le projet de son rejeton, monsieur de Montbars se met à vociférer :

– Marin ! Toi ? Mais mon pauvre ami, c'est un métier de va-nu-pieds, de forban, de malandrin ! Songe aux mille périls dont l'océan regorge ! Ta pauvre mère en sait quelque chose !

Et de raconter comment ont péri les parents de sa femme : noyade, accident, naufrage, attaque de pirates... Tous victimes de l'océan, sans exception.

– La seule vue d'un navire devrait te donner le tournis, mon fils !

Le jeune homme, piqué au vif, fronce les sourcils :

– Dites-moi, père, de quelle triste façon vos parents sont-ils morts ?

– Mais comme tous les gens sérieux, mon garçon : dans leur lit, paisiblement.

Le garçon ricane :

– Alors, comment osez-vous donc dormir dans un lit, après une telle hécatombe ? Si j'étais vous, j'irais coucher dans l'écurie, sur une botte de foin ! C'est beaucoup moins dangereux !

Graine de flibuste

Tudieu, quel toupet ! Ce soir-là, le jeune Montbars n'a pour souper qu'un quignon de pain dur et un cruchon d'eau. Et monsieur son père hurle à qui veut l'entendre que son fils est aussi fou que son capitaine d'oncle, qui prétend vouloir se saborder plutôt que de se rendre à l'ennemi ! Avec un turlupin pareil, pas étonnant que le galopin ne se mette martel en tête !

C'est cette nuit-là que le garçon quitte la maison paternelle. Ventre-saint-gris ! on ne traite pas ainsi un futur marin de Sa Majesté.
Il se rend droit au Havre, où il trouve son oncle sur le départ, à la tête d'un magnifique bâtiment de guerre. Quand il voit monter à bord ce jeune freluquet de dix-sept ans, le capitaine s'étonne :
– Quoi ? Le vieux Montbars m'envoie son fils comme mousse ? Quel honneur pour ce vaisseau, fiston !
Le garçon tire son sabre et fait force moulinets sous le nez du marin et, tranchant net un hauban :
– Mousse, que nenni, mon oncle ! Voulez-vous donc tâter de ma lame, pour vous en assurer ?
L'autre éclate de rire. Assurément, ce gringalet n'a pas froid aux yeux.
Il pose la main sur son épaule :

–Es-tu prêt à en découdre avec l'Espagnol, mon garçon ?
–Plus que tout au monde, mon oncle ! Foi de Montbars, ces gredins vont trouver à qui parler !
Cette fanfaronnade met le capitaine de fort bonne humeur. Et il ne doute pas un seul instant de la détermination de son neveu.
–Hissez la grand-voile ! crie-t-il à la cantonade. Nous partons sur l'heure !

Quelques jours plus tard, un navire espagnol est en vue. Les Français le traquent, le rejoignent : l'abordage n'est plus qu'une question de minutes.
Grimpé sur le bastingage, Montbars trépigne d'impatience. Il agite son sabre, abreuve l'ennemi d'insultes, supplie le vent de souffler plus fort dans les voiles.
Son oncle s'inquiète.
–Ce gamin va se faire tuer avant même que le combat débute ! grogne-t-il.
Il ordonne à deux de ses hommes d'enfermer le remuant neveu dans sa cabine.
Indignation, hurlements, colère du jeune homme. Quoi ! On veut le priver de bataille ! Ventrebleu, quelle infamie !
Mais surtout, quelle sottise de croire qu'une vulgaire porte cadenassée va l'empêcher de se battre. Montbars s'échappe par le sabord. Les deux navires sont bord à bord. La coque du navire espagnol est là, à cinq pieds. Enfantin de s'accrocher aux filins qui y pendent, de monter sur le pont ennemi, le sabre entre les dents. La surprise est de taille. Pour l'oncle, qui voit surgir à ses côtés son enragé de neveu ; pour les Espagnols sur lesquels Montbars décharge ses deux pistolets, avant de se ruer dans la mêlée, frappant furieusement tout ce qui bouge avec son sabre, encourageant ses compagnons, bondissant, hurlant, tel un diable fou.
La lutte était indécise. C'est lui qui force la victoire. Et quand le dernier Espagnol saute à l'eau, Montbars se dresse une ultime fois sur le bastingage, le sabre levé :

– De la part des Indiens que vos conquistadores massacrent à tour de bras !

L'équipage l'acclame. Son oncle le serre sur sa poitrine.

– Mon garçon, cette victoire est la tienne. Désormais, je te veux près de moi, à la proue du navire.

C'est ainsi que débuta la vie aventureuse du jeune Montbars. Corsaire, puis pirate, il restera fidèle toute sa vie à ses deux idées fixes : la haine des Espagnols, qui le surnommèrent l'« Exterminateur », et la défense des Indiens d'Amérique.

Le fils du sieur de Montbars avait fait un sacré pied de nez à son noble père !

Pour aller plus loin

Qui connaît un peu l'histoire de la flibuste, a entendu parler de l'« Exterminateur », surnom qu'on attribua très vite au redoutable Montbars. Issu d'une noble famille languedocienne, le jeune Montbars reçoit une excellente éducation ; mais une seule chose l'obsède : apprendre à tuer les Espagnols ! Il veut secourir les Indiens d'Amérique, victimes des sauvages conquérants !

Les p'tits bateaux qui vont sur l'eau ont-ils des jambes ?

Comment naquirent les hippocampes

illustré par Elsa Fouquier

À partir de 4 ans | 3 minutes | Des chevaux échoués dans l'eau

Il y a fort longtemps, à l'époque où nul navire n'avait encore vogué sur les flots, vivaient dans les plaines proches de la mer deux chevaux magnifiques. C'étaient les animaux favoris d'Amanikable, le maître des eaux. Ils passaient de douces et belles journées à galoper dans l'herbe, à paître, à hennir pour saluer les vagues sur la grève. Ils étaient heureux.

Un jour, pourtant, alors qu'ils gambadaient le long de la côte, caressant du sabot grains de sable et coquillages, ils entendirent au loin des aboiements de chiens. Inquiets, ils scrutèrent l'horizon, et aperçurent des hommes armés de fusils, qui menaient une meute de féroces molosses.

La troupe venait droit sur eux.
Les chevaux furent saisis d'une peur sans nom. Ils s'en furent au triple galop, dans l'espoir d'échapper à leurs poursuivants. Mais les hommes étaient tenaces. Ces deux cavales, il les leur fallait, coûte que coûte ! Ils les pourchassèrent sans relâche. Les chevaux galopèrent éperdument, à travers les monts et les vallées, les forêts, les étangs. Rien n'y fit. Partout où ils allaient, ils trouvaient les chasseurs sur leur route, les yeux luisants de haine, prêts à lâcher la meute sur eux. Enfin, épuisés, hagards, le pelage luisant de sueur, ils aboutirent en haut d'une falaise, qui surplombait la mer. Ils étaient bel et bien coincés. Derrière eux

déjà tonnait l'aboiement de la meute. Alors, l'un des chevaux se tourna vers les flots, qui brillaient loin sous lui, et cria :

– Ô Amanikable, maître des océans, sauve-nous !

La clameur des hommes se rapprochait, les chiens les encerclaient en jappant furieusement. Du fond de sa demeure, au milieu des algues profondes, Amanikable entendit enfin le hennissement douloureux de ses protégés. Il ordonna aussitôt à son frère le vent de souffler sur la mer. Des vagues gigantesques se soulevèrent, frappant la falaise, et elles emportèrent les deux chevaux sur leurs crêtes bouillonnantes. Ainsi les deux bêtes échappèrent aux hommes. Mais l'eau ne les porta pas longtemps. Harassées par les efforts de leur course, terrorisées par ces eaux furieuses, elles furent vite englouties dans les flots. Leurs crinières se mirent à ondoyer, comme un ultime appel de détresse. Amanikable leur vint de nouveau à l'aide. Il les changea en petits chevaux de mer. Et afin qu'ils ne meurent pas de faim, eux qui étaient habitués à brouter la prairie, le maître des eaux fit pousser sur le fond de la mer de tendres algues marines.

C'est depuis ce terrible jour où les hommes les chassèrent des côtes verdoyantes, que les hippocampes caracolent dans les champs d'algues, sous le regard bienveillant d'Amanikable le sage.

Pour aller plus loin

Les récits étiologiques tentent d'expliquer notamment les traits distinctifs d'un animal : son cri, son mode de vie, sa couleur… ou tout simplement son apparition, par un événement survenu dans un passé mythique. Ces légendes ont toutes un schéma analogue : dans un temps très lointain, l'animal en question n'existait pas ou n'avait pas sa forme actuelle. Un jour, il a acquis les caractères distinctifs qu'il possède aujourd'hui.

Comment les écailles et les cornes poussèrent au baka-bakahan

illustré par Violaine Leroy

À partir de 5 ans

3 minutes

Des cornes et des écailles pour se protéger.

Au temps où Amanikable était le maître tout-puissant des mers et des océans, les baka-bakahans n'avaient ni cornes ni écailles. Croyez-vous que cela les dérangeait ? Pas le moins du monde : leur peau lisse, fine et souple leur tenait chaud dans les eaux les plus profondes, et tout allait pour le mieux. Mais les choses changèrent le jour où une terrible maladie se mit à ravager les plantes aquatiques. Bientôt il n'y eut plus une seule algue pour nourrir les habitants des flots. Ce fut le début de la guerre des poissons : puisqu'il fallait se nourrir, les gros poissons mangeaient les petits, et tout particulièrement les

minuscules baka-bakahans, si délicieux avec leur peau si lisse, si fine, si souple. Des milliers de baka-bakahans furent ainsi engloutis, mâchés, digérés. Les quelques survivants tremblaient d'effroi. Terminer sa vie dans le ventre d'une rascasse, ou d'un poisson-lune, quelle triste fin ! Ils allèrent trouver Amanikable pour lui demander de l'aide. Autour du maître des eaux, ce fut un fourmillement furieux.
– Aide-nous, puissant Seigneur ! criaient les uns.
– Fais disparaître toutes les autres espèces ! hurlaient les autres.
Le brouhaha était tel qu'Amanikable ne comprenait rien. Il regardait ce nuage de poissons lui tournoyer autour de la tête avec une grande perplexité. Enfin, un tout petit baka-bakahan réussit à se faire entendre.
– Donne-nous quelque chose qui nous protège, maître des mers !
Quelque chose qui… Amanikable hocha la tête. Oui, c'était une bonne idée. Il appela une ribambelle de petits dieux marins et leur ordonna de recouvrir les baka-bakahans d'une peau épaisse. Mais cela ne changea rien du tout. Bien sûr, les gros poissons avaient plus de mal à avaler les baka-bakahans, mais affamés qu'ils étaient, ils y prêtaient à peine attention. Les petits poissons retournèrent voir Amanikable.
– Nous sommes toujours les proies des autres, maître des vagues et des embruns ! Donne-nous donc des armes ou une armure !

Amanikable, tout occupé qu'il était à chercher une solution pour faire cesser l'épouvantable désordre qui régnait au fond des mers, entendit l'immense détresse des baka-bakahans.

– Désormais, vous aurez des écailles et deux cornes pour vous protéger, mes amis. Rien ne vous arrivera plus !

Les baka-bakahans revinrent chez eux. Ah ! qu'ils étaient fiers de leur armure d'écailles et de leurs deux petites cornes ! Les gros poissons auraient dû se méfier, en les voyant si frétillants devant leur bouche ouverte ! Mais non. Quand on est plus gros, on se croit toujours plus fort, n'est-ce pas ? Quelle erreur ! Ce n'est qu'en les gobant qu'ils comprirent. Les cornes piquaient pis que lances, les écailles raclaient leur gorge telles des griffes. Pouah ! Les baka-bakahans étaient devenus immangeables ! Quelle horreur ! La nouvelle se répandit vite et on évita désormais ces poissons en armure. Les baka-bakahans obtinrent d'Amanikable qu'il leur laissât définitivement écailles et cornes. Aujourd'hui, ils peuvent impunément se promener au nez et à la barbe des gros voraces. Aucun poisson n'oserait se frotter à eux, de peur de s'y casser les dents !

Quand les anges s'en mêlent...

illustré par Violaine Leroy

À partir de 4 ans — *3 minutes* — *La lutte entre le soleil et les anges*

Un jour, parce qu'une vague vous a un peu bousculé, vous avez avalé de l'eau de mer. Ne mentez pas, je le sais ! Et puis, vous avez fait comme si de rien n'était. Vous n'êtes plus un bébé, que diable ! Eh bien, je suis sûr qu'après avoir entendu cette histoire, vous allez faire une sacrée grimace, la prochaine fois que cela vous arrivera. Écoutez plutôt.

Il y a de cela très longtemps – les poissons-chats n'avaient pas encore de moustaches, c'est vous dire ! –, il n'y avait pas de mer. Non, juste quelques sources, des lacs et des rivières, c'est tout.

Là-haut, dans le ciel, vivait un géant, et pas n'importe lequel : le soleil, tout simplement ! Ce mastodonte de feu et de flammes ! Tant qu'il gambadait dans le ciel, ma foi, il ne gênait personne. Mais le jour où il décida d'aller vivre sur Terre, ce fut une autre histoire…

Le premier jour fut supportable. Bien sûr il suffisait au soleil d'éternuer pour provoquer des feux de forêt, ou de s'asseoir sur un pré pour que l'herbe bien grasse soit immédiatement transformée en paille…

Mais on s'en accommodait. Et on n'osait rien dire. Personne n'avait envie de se faire brûler les fesses !

Le deuxième jour, la chaleur était épouvantable, et on commença à protester. Au bout du troisième jour, les habitants de la Terre n'y tinrent plus. Ils se réunirent et l'on entendit ceci :

– Par les ventouses de la méduse ! Nous allons tous mourir carbonisés ! Il faut faire quelque chose !

– Ce gros pachyderme fait des méchouis avec tous les troupeaux de moutons, nom d'un mirliton !

– Bientôt les fleurs seront tout justes assez sèches pour remplir les édredons !

Et tous de se plaindre, de tempêter, de vociférer, de glapir à qui mieux mieux !

Mais que faire ?

Personne n'avait de solution. Et puis, allez savoir pourquoi, les anges du Paradis eurent vent de la chose

et hop ! d'un battement d'ailes, ils descendirent sur Terre pour voir de plus près ce grand tumulte. Ils écoutèrent les lamentations des malheureux habitants de la Terre et décidèrent de les aider.

Ils essayèrent d'abord la méthode douce. À force de cajoleries, de sourires et de roucoulades, sûrement finiraient-ils par faire entendre raison au soleil. Mais autant demander à un éléphant de mer de valser avec une otarie ! Le soleil refusa tout net. Foi de géant, sur Terre il était, sur Terre il resterait !

Les anges changèrent donc de ton. Ce soleil de malheur s'obstinait à chauffer les oreilles de tout le monde ? Soit ! Il allait voir ce qu'il allait voir !

Tous les anges se mirent donc en cercle autour du soleil et se mirent à faire… pipi ! Parfaitement ! Pipi ! Et cela pendant des jours et des jours ! Au début, le soleil ricana. Qu'ils fassent pipi, si cela leur chante ! Mais au bout de quelques semaines, le soleil commença à avoir les pieds dans l'eau. Il prit peur. Et si tout ce pipi finissait par l'éteindre ? D'un seul bond, il s'élança dans le ciel, où il se remit à caracoler comme avant, pour se sécher un brin.

Il y court toujours, avez-vous remarqué ?

Quant aux anges, ils repartirent d'où ils étaient venus, sans tambours ni trompettes. Vous pensez que leur pipi s'est évaporé, avec le temps ? Nenni, mes amis ! Car c'est depuis ce temps-là que la mer existe, et les océans.

Vous vous demandiez pourquoi leur eau est salée ? Eh bien, vous le savez, maintenant.

Comment naquit le requin

illustré par Violaine Leroy

À partir de 6 ans — *3 minutes* — *Le plus redouté des poissons*

Tahika habitait Palauig, sur la côte ouest des Philippines. C'était un individu immensément riche, sans nul doute le plus riche à cent lieues à la ronde. Il possédait même un port où il rangeait sa flottille de bateaux, qu'il louait aux pêcheurs du coin à des prix exorbitants. Il n'y avait pas un seul de ces hommes qui ne lui dût de l'argent. Et pas un qui sût comment lui rendre. Et comment auraient-ils pu, ces pauvres bougres ? Ici, à Palauig, tout appartenait à Tahika. Bateaux, hangars, filets, nasses. Tout.
Croyez-vous qu'il fût généreux pour autant ? Par les moustaches du poisson-chat, assurément non ! Il n'y avait pas plus cupide, plus égoïste

que cet homme-là. Si bien que les jours passaient et Tahika devenait de plus en plus riche. Et les pêcheurs, de plus en plus pauvres.
La famine qui se déclara à l'époque sur les côtes de la mer de Chine n'arrangea rien. Terrible famine, qui décima la population. Mais cela ne dérangea guère Tahika car il avait amassé dans ses greniers de quoi tenir jusqu'à la fin du monde, si elle arrivait un jour ! Et pas question que ce répugnant personnage ne partageât quoi que ce fût. Plusieurs pêcheurs l'avaient bien supplié de leur donner un peu de poisson séché, quelques mesures de riz, pour leurs enfants affamés. Mais c'était comme s'ils avaient voulu attraper une anguille à mains nues ! Égoïste il était, égoïste il restait. Une nuit qu'une terrible tempête s'était abattue au-dessus du village, un vieillard vint frapper à la porte de l'avare.
– Que veux-tu, vieux loqueteux ? demanda-t-il méchamment.
– Juste un quignon de pain et un abri pour la nuit, honorable seigneur.
Tahika eut une moue de dégoût.
– Arrête de m'importuner avec tes gémissements. Si tu as faim, trouve-toi à manger.
Les yeux du vieil homme brillèrent de colère.
– Tahika, tu es aussi cupide qu'égoïste. Crois-moi, tu regretteras un jour d'avoir été si cruel.
Et il tourna les talons, laissant résonner ses paroles terribles à l'oreille de Tahika.
Cette nuit-là, la tempête ne se calma point. Il semblait au contraire qu'elle prenait de l'ampleur avec la nuit qui passait. La mer se gonfla de vagues furieuses, inonda le village. Une lame plus forte que les autres balaya la riche demeure de Tahika, emportant l'homme avec elle. Tahika eut beau se débattre, l'eau l'entraînait au loin, comme un tourbillon maléfique. Bientôt il sentit son corps devenir froid comme la glace.
– Sauvez-moi ! hurlait-il. Je vous donnerai tout l'or que je possède !
Mais personne ne l'entendit. Tahika ne possédait plus rien.

Comment naquit le requin

Alors quelque chose d'extraordinaire se produisit : les jambes de Tahika se transformèrent en une longue queue noire, sa tête changea de forme, sa peau devint dure comme pierre et se couvrit de mucus. Ses dents devinrent plus acérées qu'une lame de couteau. Enfin la mer l'engloutit.

Au-dessus des vagues en colère, éclata alors le rire de Néguno, le maître de la mer. Néguno, qui venait de déchaîner les flots pour châtier Tahika. Rappelez-vous : ce misérable vieillard, qui réclamait du pain, c'était lui. Il venait de changer l'avare en requin.

Pour aller plus loin

Le nom du requin a deux origines possibles : il pourrait venir du mot normand *quien* qui signifie chien ; on considère alors le requin comme un chien de mer à cause de ses dents imposantes. Mais peut-être requin vient-il de *requiem* premier mot latin de la prière pour les morts, par allusion à la mort rapide que ce poisson provoque.

La Fée fatiguée

illustré par Sébastien Chebret

À partir de 3 ans — *3 minutes* — *L'île de Gargantua*

Non loin de Dahouet, dans le golfe de Saint-Malo, est une petite île du nom de Verdelet. À première vue, il s'agit là d'une île semblable à des millions d'îles. Eh bien pas du tout. Son apparition n'a rien de naturel : cette île est magique. Vous ne me croyez pas ? Écoutez plutôt.

Il y a de cela bien longtemps, dans l'île de Jersey, cette grosse île en face de Saint-Malo, vivait une jeune fée du nom de Gwendoline. Elle y était heureuse, partageant son temps entre les exercices de baguette magique (vous savez, il faut s'exercer quand on débute dans le métier de fée ! Ça ne vient pas tout seul !) et les congrès des fées marines, qui avaient lieu sur les côtes de Val-André.

Ah ! Elle adorait ces réunions ! C'étaient à chaque fois des fous rires et des gaffes en cascades. Rappelez-vous la fois où Gwendoline transforma la doyenne des fées en baleine bleue ! Et celle où elle enferma sa voisine de table dans une coquille Saint-Jacques et ne put retrouver la formule pour lui rendre la liberté ! Quelle histoire ! Rien de bien grave, en somme, et, foi de Gwendoline, elle serait un jour à la hauteur ! Mais en attendant, il lui fallait s'entraîner…

L'histoire que je vous raconte se passe justement la veille d'un de ces congrès. Gwendoline emballa son grimoire, sa baguette magique, et partit d'un bon pas vers la plage.

– Pour une fois, je vais aller à pied à Val-André, se dit-elle. C'est plus prudent : la dernière fois que j'ai voulu m'y rendre avec une formule magique, je me suis retrouvée en Grèce.
Elle chanta alors quelques vers qui lui permettraient de marcher sur l'eau, et s'en alla vers la côte normande.
Au début, tout fut pour le mieux : l'air était vivifiant, la mer calme ; de ci, de là, des baleines ou des poissons volants venaient égayer son voyage. Seulement, voilà : Gwendoline avait quelque peu présumé de ses forces. Rendez-vous compte : plus de vingt lieues séparaient Jersey du Val-André ! Si bien qu'au bout d'un moment, la jeune femme sentit la fatigue l'envahir. Même les fées peuvent avoir mal aux pieds ! Bientôt, elle fut épuisée. Évidemment, elle aurait pu se transformer en mouette et voler d'un trait jusqu'à la côte ! Mais ses pouvoirs semblaient l'avoir abandonnée ! C'est bien simple : elle était si fatiguée qu'elle avait oublié jusqu'à la façon de changer un prince en crapaud ! Un exercice pourtant facile, nom d'un vieux grimoire ! Elle avait beau tourner et retourner ses formules dans sa tête :
Bra ca da bra, bri qui di bri,
que je sois changée sur le champ en colibri !
Rien n'y faisait.
Elle se mit soudain à claudiquer plus encore.
– Par les mille verrues de Carabosse ! s'exclama-t-elle. Qu'est-ce qui s'est coincé dans ma chaussure ?
Elle s'arrêta un instant pour s'en débarrasser : c'était une petite huître qui s'était prise dans ses escarpins. À la vue du coquillage, la fée se fâcha tout rouge.
– C'est toi, sotte, qui m'empêche de trotter ! Je vais te jouer un tour à ma manière ! Dans une seconde, tu seras changée en radis gris, par le Grand Gri-Gri !
Et elle prit l'huître par la peau du cou, et lui hurla dans les oreilles une chanson magique (que je ne peux pas répéter ici, vous seriez capable de vouloir faire comme elle !), avant de lui souffler dessus, trois fois de suite.

Alors, quelque chose d'extraordinaire se produisit. À peine Gwendoline eut-elle jeté l'huître dans l'eau que le coquillage grossit, grossit, grossit… jusqu'à devenir, devinez quoi : une île ! L'île de Verdelet. Gwendoline fut surprise, ça oui. Ce n'est pas exactement ce qu'elle attendait. Elle s'était une fois de plus trompée de formule ! Mais elle fut finalement assez fière d'avoir changé une malheureuse huître en île et put ainsi s'y reposer quelque temps avant de repartir sur les flots, les pieds à neuf.

Voilà comment, à cause d'une fée écervelée et fatiguée, fut créée l'île de Verdelet. Vous me croyez, à présent ?

Pour aller plus loin

Un grand nombre de légendes rapportent l'origine des îles en la faisant remonter à des circonstances surnaturelles ou du moins étranges. *Les Grandes Chroniques de Gargantua*, qu'on attribue à Rabelais, racontent comment Grand Gosier donna naissance au Mont-Saint-Michel ; il est d'ailleurs fréquent que la création des îles soit attribuée à des Géants.

C'est pas l'homme qui prend la mer…

Le Phare des Sanguinaires

illustré par Elsa Fouquier

À partir de 7 ans — *11 minutes* — *Les récits du phare*

Cette nuit je n'ai pas pu dormir. Le mistral était en colère, et les éclats de sa grande voix m'ont tenu éveillé jusqu'au matin. Balançant lourdement ses ailes mutilées qui sifflaient à la bise comme les agrès d'un navire, tout le moulin craquait. Des tuiles s'envolaient de sa toiture en déroute. Au loin, les pins serrés dont la colline est couverte s'agitaient et bruissaient dans l'ombre. On se serait cru en pleine mer…

Cela m'a rappelé tout à fait mes belles insomnies d'il y a trois ans, quand j'habitais le phare des Sanguinaires, là-bas, sur la côte corse, à l'entrée du golfe d'Ajaccio.

Encore un joli coin que j'avais trouvé là pour rêver et être seul.

Figurez-vous une île rougeâtre et d'aspect farouche ; le phare à une pointe, à l'autre une vieille tour génoise où, de mon temps, logeait un aigle. En bas, au bord de l'eau, un lazaret en ruine, envahi de partout par des herbes ; puis des ravins, des maquis, de grandes roches, quelques chèvres sauvages, de petits chevaux corses gambadant, la crinière au vent ; enfin, là-haut, tout en haut, dans un tourbillon d'oiseaux de mer, la maison du phare, avec sa plate-forme en maçonnerie blanche, où les gardiens se promènent de long en large, la porte verte en ogive, la petite tour de fonte, et au-dessus la grosse lanterne à facettes qui flambe au soleil et fait de la lumière, même pendant le jour… Voilà l'île des Sanguinaires, comme je l'ai revue cette nuit, en entendant ronfler mes pins. C'était dans cette île enchantée qu'avant d'avoir un moulin j'allais m'enfermer quelques fois, lorsque j'avais besoin de grand air et de solitude.

Ce que je faisais ?

Ce que je fais ici, moins encore. Quand le mistral ou la tramontane ne soufflaient pas trop fort, je venais me mettre entre deux roches au ras de l'eau, au milieu des goélands, des merles, des hirondelles, et j'y restais presque tout le jour dans cette espèce de stupeur et d'accablement délicieux que donne la contemplation de la mer. Vous connaissez, n'est-ce pas, cette jolie griserie de l'âme ? On ne pense pas, on ne rêve pas non plus. Tout votre être vous échappe, s'envole, s'éparpille. On est la mouette qui plonge, la poussière d'écume qui flotte au soleil entre deux vagues, la fumée blanche de ce paquebot qui s'éloigne, ce petit corailleur à voile rouge, cette perle d'eau, ce flocon de brume, tout excepté soi-même… Oh! que j'en ai passé dans mon île de ces belles heures de demi-sommeil et d'éparpillement!…

Les jours de grand vent, le bord de l'eau n'étant pas tenable, je m'enfermais dans la cour du lazaret, une petite cour mélancolique, tout embaumée de romarin et d'absinthe sauvage, et là, blotti contre un pan de vieux mur, je me laissais envahir doucement par le vague parfum d'abandon et de tristesse qui flottait avec le soleil dans les logettes de pierre, ouvertes tout autour comme d'anciennes tombes. De temps en temps, un battement de porte, un bond léger dans l'herbe…, c'était une chèvre qui venait brouter à l'abri du vent. En me voyant, elle s'arrêtait interdite, et restait plantée devant moi, l'air vif, la corne haute, me regardant d'un œil enfantin…

Vers cinq heures, le porte-voix des gardiens m'appelait pour dîner. Je prenais alors un petit sentier dans le maquis grimpant à pic au-dessus de la mer, et je revenais lentement vers le phare, me retournant à chaque pas sur cet immense horizon d'eau et de lumière qui semblait s'élargir à mesure que je montais.

Là-haut, c'était charmant. Je vois encore cette belle salle à manger à larges dalles, à lambris de chêne, la bouillabaisse fumant au milieu, la porte grande ouverte sur la terrasse blanche et tout le couchant qui entrait… Les gardiens étaient là, m'attendant pour se mettre à table. Il y en avait trois, un Marseillais et deux Corses, tous trois petits, barbus, le visage tanné, crevassé, le même pelone (caban) en poil de chèvre, mais d'allure et d'humeur entièrement opposées.

À la façon de vivre de ces gens, on sentait tout de suite la différence des deux races. Le Marseillais, industrieux et vif, toujours affairé, toujours en mouvement, courait l'île du matin au soir, jardinant, pêchant, ramassant des œufs de gouailles, s'embusquant dans le maquis pour traire une chèvre au passage; et toujours quelque aïoli ou quelque bouillabaisse en train.

Les Corses, eux, en dehors de leur service, ne s'occupaient absolument de rien ; ils se considéraient comme des fonctionnaires et passaient toutes leurs journées dans la cuisine à jouer d'interminables parties de scopa, ne s'interrompant que pour rallumer leurs pipes d'un air grave et hacher avec des ciseaux, dans le creux de leurs mains, de grandes feuilles de tabac vert…

Du reste, Marseillais et Corses, tous trois de bonnes gens, simples, naïfs, et pleins de prévenances pour leur hôte, quoique, au fond, il dût leur paraître un monsieur bien extraordinaire…

Pensez-donc ! Venir s'enfermer au phare pour son plaisir !… Eux qui trouvent les journées si longues, et qui sont heureux quand c'est leur tour d'aller à terre !… Dans la belle saison, ce grand bonheur leur arrive tous les mois. Dix jours de terre pour trente jours de phare, voilà le règlement ; mais, avec l'hiver et les gros temps, il n'y a plus de règlement qui tienne. Le vent souffle, la vague monte, les Sanguinaires sont blanches d'écume, et les gardiens de service restent bloqués deux ou trois mois de suite, quelquefois même dans de terribles situations.

–Voici ce qui m'est arrivé, à moi, monsieur, me contait un jour le vieux Bartoli, pendant que nous dînions, voici ce qui m'est arrivé il y a cinq ans, à cette même table où nous sommes, un soir d'hiver, comme maintenant. Ce soir-là, nous n'étions que deux dans le phare, moi et un camarade qu'on appelait Tchéco… Les autres étaient à terre, malades, en congé, je ne sais plus… Nous finissions de dîner, bien tranquilles… Tout à coup, voilà mon camarade qui s'arrête de manger, me regarde un moment avec de drôles d'yeux, et, pouf ! tombe sur la table, les bras en avant. Je vais à lui, je le secoue, je l'appelle : « Oh ! Tché !… Oh ! Tché !… » Rien, il était mort… Vous jugez quelle émotion ! Je restais plus d'une heure stupide et tremblant devant ce cadavre, puis, subitement cette idée me vient : et le phare ! Je n'eus que le temps de monter dans la lanterne et d'allumer. La nuit était déjà là… Quelle nuit, monsieur ! La mer, le vent n'avaient plus leurs voix naturelles. À tout moment, il me semblait que quelqu'un m'appelait dans l'escalier. Avec cela une fièvre, une soif ! Mais vous ne m'auriez pas fait descendre…, j'avais trop peur du mort. Pourtant, au petit jour, le courage me revint un peu. Je portai mon camarade sur son lit ; un drap dessus, un bout de prière, et puis vite aux signaux d'alarme.

« Malheureusement, la mer était trop grosse ; j'eus beau appeler, appeler, personne ne vint… Me voilà seul dans le phare avec mon pauvre Tchéco, et Dieu sait pour combien de temps ?… J'espérais pouvoir le garder près de moi jusqu'à l'arrivée du bateau ! mais au bout de trois jours, ce n'était plus possible… Comment faire ? Le porter dehors ? L'enterrer ? La roche était trop dure, et il y a tant de corbeaux dans l'île ! C'était pitié de leur abandonner ce chrétien. Alors je songeai à le descendre dans une des logettes du lazaret… Ça me prit tout un après-midi, cette triste corvée-là, et je vous réponds qu'il m'en fallut, du courage. Tenez, monsieur, encore aujourd'hui, quand je descends ce côté de l'île par un après-midi de grand vent, il me semble que j'ai toujours le mort sur les épaules…

Pauvre vieux Bartoli ! La sueur lui en coulait sur le front, rien que d'y penser.

Nos repas se passaient ainsi à causer longuement : le phare, la mer, des récits de naufrages, des histoires de bandits corses… Puis, le jour tombant, le gardien du premier quart allumait sa petite lampe, prenait sa pipe, sa gourde, un gros Plutarque à tranche rouge – toute

la bibliothèque des Sanguinaires –et disparaissait par le fond. Au bout d'un moment, c'était dans tout le phare un fracas de chaînes, de poulies, de gros poids d'horloges qu'on remontait.

Moi, pendant ce temps, j'allais m'asseoir dehors sur la terrasse. Le soleil, déjà très bas, descendait vers l'eau de plus en plus vite, entraînant tout l'horizon après lui. Le vent fraîchissait, l'île devenait violette. Dans le ciel, près de moi, un gros oiseau passait lourdement : c'était l'aigle de la tour génoise qui rentrait… Peu à peu, la brume de mer montait. Bientôt on ne voyait plus que l'ourlet blanc de l'écume autour de l'île… Tout à coup, au-dessus de ma tête, jaillissait un grand flot de lumière douce. Le phare était allumé. Laissant toute l'île dans l'ombre, le clair rayon allait tomber au large sur la mer, et j'étais là, perdu dans la nuit, sous ces grandes ondes lumineuses qui m'éclaboussaient à peine en passant… Mais le vent fraîchissait encore. Il fallait rentrer. À tâtons, je fermais la grosse porte, j'assurais les barres de fer ; puis, toujours tâtonnant, je prenais un petit escalier de fonte qui tremblait et sonnait sous mes pas, et j'arrivais au sommet du phare. Ici, par exemple, il y en avait de la lumière !

Imaginez une lampe Carcet gigantesque à six rangs de mèches, autour de laquelle pivotent lentement les parois de la lanterne, les unes remplies par une énorme lentille de cristal, les autres ouvertes sur un grand vitrage immobile qui met la flamme à l'abri du vent… En entrant j'étais ébloui. Ces cuivres, ces étains, ces réflecteurs de métal blanc, ces murs de cristal bombé qui tournaient avec de grands cercles bleuâtres, tout ce miroitement, tout ce cliquetis de lumière me donnait un moment de vertige.

Peu à peu, cependant, mes yeux s'y faisaient, et je venais m'asseoir au pied même de la lampe, à côté du gardien qui lisait son Plutarque à haute voix, de peur de s'endormir…

Au dehors, le noir, l'abîme. Sur ce petit balcon qui tourne autour du vitrage, le vent court comme un fou, en hurlant. Le phare craque, la mer ronfle. À la pointe de l'île, sur les brisants, les lames font comme des coups de canon… Par moments, un doigt invisible frappe aux carreaux : quelque oiseau de nuit, que la lumière attire, et qui vient se casser la tête contre le cristal… Dans la lanterne étincelante et chaude, rien que le crépitement de la flamme, le bruit de l'huile qui s'égoutte, de la chaîne qui se dévide : et une voix monotone psalmodiant la vie de Démétrius de Phalère…

À minuit, le gardien se levait, jetait un dernier coup d'œil à ses mèches, et nous descendions. Dans l'escalier, on rencontrait le camarade du second quart qui montait en se frottant les yeux ; on lui passait la gourde, le Plutarque… Puis, avant de gagner nos lits, nous entrions un moment dans la chambre du fond, tout encombrée de chaînes, de gros poids, de réservoirs d'étain, de cordages, et là, à la lueur de sa petite lampe, le gardien écrivait sur le grand livre du phare, toujours ouvert : « Minuit. Grosse mer. Tempête. Navire au large. »

Pour aller plus loin

Alphonse Daudet naquit à Nîmes en 1840 et mourut à Paris en 1897. À 17 ans, il se rendit à Paris pour y tenter la fortune littéraire. Il y connut rapidement le succès, mais il avait la nostalgie de son pays. Passionné par la vie méridionale, il en a décrit les moindres aspects et on lui doit des pages inoubliables sur la Provence.

Le Phare englouti

À partir de 6 ans — *3 minutes* — *La mort du phare*

Il n'est pas de mer ni d'océan qui ne soit terrible. Pas de traversée qui ne soit dangereuse. Chaque marin le sait, chaque voyageur aussi...

Lors de l'automne 1849, les tempêtes furent d'une rare violence le long de la côte de Cohasset. On compta plus de cent noyés, engloutis dans la furie des flots. Il y eut surtout le naufrage d'un bateau d'immigrants, l'infortuné Saint John's, qui coula alors que le port était en vue. On retrouva vingt-sept corps, qu'on enterra dans le cimetière du village voisin...

Ce fut à la suite de ce terrible accident qu'enfin l'on décida de construire un phare, pour signaler aux navires le sinistre écueil.

Ce n'était pas simple : quiconque a longé, par un jour de tempête en hiver, les falaises bordant les récifs, sait la furie des eaux, et la force des vagues. Construire un phare à cet endroit tenait de la folie et tous le savaient. Mais c'était le seul moyen d'éviter que l'océan ne prenne encore et toujours des vies.

Dès l'été 1850, un ingénieur fut donc dépêché par le gouvernement afin de commencer les travaux. À Cohasset, les commentaires allaient bon train :

– Construire un sémaphore à cet endroit, quelle folie ! soupiraient les uns. La mort y a planté son camp, c'est un lieu de deuil ! Il n'y a rien à faire ! La mer balaiera tout !

– Au contraire, disaient les autres. L'entreprise est hardie ! Nous serons des pionniers ! Il faut défier la nature. Vaincre la mer !

C'est ce que l'on fit. Contre l'avis de beaucoup, on décida d'une construction légère et haute. Face aux tempêtes, rien ne valait la souplesse des matériaux, pensait-on. On connaissait la fable du chêne et du roseau, ici, en Amérique.

– Il pliera, mais ne rompra point, affirmait le chef des travaux.

Les quatre piliers furent profondément ancrés dans les fonds marins, et l'on plaça la lampe et son abri à plus de dix mètres de hauteur. Le phare ressemblait à un échassier bizarre.

Plusieurs semaines durant, la mer roula à ses pieds, ses vagues s'y fracassant comme pour l'impressionner.

Il résista.

On commença à murmurer que l'homme avait vaincu la mer. Le soir, la lumière de la lampe brillait comme le premier feu du monde.

L'ingénieur, resté au pays pour vérifier le fonctionnement du sémaphore, bombait le torse.

– N'avais-je pas raison de braver la tempête ? Que peuvent les vagues contre la science, braves gens ?

Et il ajoutait, en hochant la tête, sûr de lui :

– Croyez-moi, l'homme est fait pour dominer le monde.

On le crut. Jusqu'au 14 avril 1851, où une tempête effroyable se leva. Jamais de mémoire de marin une telle violence n'avait agité les flots. Comme atteint par la rage, l'océan crachait son écume sur les falaises, labourant la côte de vagues monstrueuses, et se jetant sur le phare avec une force inouïe.

Le phare tanguait, accompagné de grincements terrifiants. Ce n'était pas le premier grain auquel le bâtiment devait faire face. Bien des bourrasques avaient soufflé sur lui, bien des lames avaient tenté de trancher ses quatre piliers. En vain jusqu'ici.

Mais cette fois-là, la tempête dura deux jours. Deux jours entiers durant lesquels le vent, rafale après rafale, et l'océan, vague après vague, s'acharnèrent sur le phare. Le ciel devint si noir que le phare disparut dans la brume et l'écume bouillonnante.

« Il résistera », avait affirmé l'ingénieur.

Le troisième jour, la furie s'apaisa. Des promeneurs découvrirent sur la plage dévastée des morceaux de bois et de ferraille. On courut sur la falaise qui surplombait la mer. Tout était calme. La brise était légère et les eaux calmes.

Mais de l'échassier étrange planté dans les flots, il ne restait plus rien. L'océan l'avait laminé et avalé comme une méchante verrue.

Le phare avait été un simple hôte de passage. Un hôte indésirable, qu'il avait balayé comme fétu de paille.

Il n'avait pas résisté.

Voleuse d'écume

illustré par Violaine Leroy

Texte de Gérard Moncomble,

publié dans le hors-série de Toboggan magazine, «Les aventuriers de l'été»

À partir de 4 ans — *3 minutes* — *Les mouettes et l'écume*

Accroupie sur le sable tiède, Pauline fait de ses mains un petit panier.

– Je vais t'attraper, la mer toute verte ! rit-elle.

Mais la mer est coquine. Elle avance un peu, lèche les pieds de Pauline et quand la fillette croit la tenir, l'eau glisse entre ses doigts, et le sable la boit d'un seul coup.

Alors Pauline recommence, encore et encore. Ce qui lui plaît par-dessus tout, c'est l'écume, cette porcelaine blanche qui frissonne sur le dos des vagues. Pauline voudrait en faire un bouquet pour Maman.

– Tu n'y arriveras jamais, glousse Papa. C'est comme si tu voulais ramasser du vent.

C'est pas l'homme qui prend la mer

Pauline est têtue. Elle couche son seau sur le sable et emprisonne une vaguelette. Les joues de Pauline rosissent de plaisir.

– Regarde ! Avec la mer toute verte, j'ai même cueilli les bulles blanches de l'écume !

Mais dans le seau, il n'y a plus qu'une eau claire, comme celle du robinet. La mer a perdu sa belle couleur verte et l'écume s'est envolée. Oui, envolée ! Aussi vite que les mouettes au bec rouge qui vont se poser sur la mer, là-bas, et se laissent bercer par les vagues.

Pauline comprend tout, soudain. Le ventre des mouettes ! Blanc ! Blanc comme l'écume ! Elle sourit. Des oiseaux, c'est plus facile à capturer que le vent ou la mer !

Elles ne sont pas loin, les mouettes. Elles se balancent dans le creux des vagues. Pauline avance doucement dans l'eau, pour ne pas les effrayer, ces voleuses d'écume. Là, encore un peu, elle approche, elle est tout près.

– Pauline ! Où vas-tu comme ça ?

Catastrophe ! Les mouettes s'envolent d'un seul coup, en poussant leurs petits cris pointus !

– J'allais justement attraper l'écume ! hurle Pauline.

Papa éclate de rire. Il essaye de prendre la fillette dans ses bras, mais pas question ! Pauline boude. Elle a les yeux pleins de chagrin.

– Elles reviendront, dit Papa d'une voix ennuyée.

Revenir, les mouettes ? Gros bêta de Papa ! Pauline pointe son doigt vers le ciel, sur les oiseaux partis au loin.

–Je ne l'aurai jamais, mon écume !
Papa sent bien qu'il a fait une bêtise. Alors il s'agite dans tous les sens et récolte des coquillages de nacre blancs.
–Moi aussi, j'ai trouvé des petits bouts d'écume…
Pauline hausse les épaules. Quel menteur ! Et Papa court sur la plage, ramasse des os de seiche couleur de neige. De l'écume, ça ?
Pauline n'en croit pas un mot. Elle regarde toujours les mouettes qui planent maintenant au-dessus d'elle, avec leur ventre d'écume.
Papa s'est assis, résigné. Pas la peine de chercher à convaincre cette petite fille-là. Plus têtue, ça n'existe pas.
C'est alors que Pauline ouvre les bras vers le ciel en riant. Et une petite plume blanche voltige sous son nez. Puis une seconde, et encore une autre. Bientôt, autour d'elle, sur le sable, il y a comme un petit tapis de duvet blanc.
–Merci, les mouettes ! Vous êtes drôlement chouettes !
Et Pauline court vers Maman, le bouquet d'écume serré dans sa menotte.
–Tu sais, chuchote-t-elle, demain, je te ramasserai du vent.

L'Agonie de la Sémillante

illustré par Violaine Leroy

À partir de 8 ans *10 minutes* *La mer de tous les dangers*

Puisque le mistral de l'autre nuit nous a jetés sur la côte corse, laissez-moi vous raconter la terrible histoire de mer dont les pêcheurs de là-bas parlent souvent à la veillée, et sur laquelle le hasard m'a fourni des renseignements fort curieux.

… Il y a deux ou trois ans de cela.

Je courais la mer de Sardaigne en compagnie de sept ou huit matelots douaniers. Rude voyage pour un novice ! De tout le mois de mars, nous n'eûmes pas un jour de bon. Le vent d'est s'était acharné après nous, et la mer ne décolérait pas.

Un soir que nous fuyions devant la tempête, notre bateau vint se réfugier

à l'entrée du détroit de Bonifacio, au milieu d'un massif de petites îles… Leur aspect n'avait rien d'engageant : grands rocs pelés, couverts d'oiseaux, quelques touffes d'absinthe, des maquis de lentisques, et, çà et là, dans la vase, des pièces de bois en train de pourrir ; mais, ma foi, pour passer la nuit, ces roches sinistres valaient encore mieux que le rouf sinistre d'une vieille barque à demi pontée, où la lame entrait comme chez elle, et nous nous en contentâmes.

À peine débarqués, tandis que les matelots allumaient du feu pour la bouillabaisse, le patron m'appela et me montra un petit enclos de maçonnerie blanche perdu dans la brume au bout de l'île :

–Venez-vous au cimetière ? me dit-il.

–Un cimetière, patron Lionetti ! Où sommes-nous donc ?

–Aux îles Lavezzi, monsieur. C'est ici que sont enterrés les six cents hommes de la Sémillante, à l'endroit même où leur frégate s'est perdue, il y a dix ans… Pauvres gens ! Ils ne reçoivent pas beaucoup de visites ; c'est bien le moins que nous allions leur dire bonjour, puisque nous voilà…

–De tout mon cœur, patron.

Qu'il était triste le cimetière de la Sémillante !… Je le vois encore avec sa petite muraille basse, sa porte de fer, rouillée, dure à ouvrir, sa chapelle silencieuse, et des centaines de croix noires cachées par l'herbe… Pas une couronne d'immortelles, pas un souvenir ! rien !… Ah ! les pauvres morts abandonnés, comme ils doivent avoir froid dans leur tombe de hasard !

Nous restâmes là un moment, agenouillés. Le patron priait à haute voix. D'énormes goélands, seuls gardiens du cimetière, tournoyaient sur nos têtes et mêlaient leurs cris rauques aux lamentations de la mer.

La prière finie, nous revînmes tristement vers le coin de l'île où la barque était amarrée. En notre absence, les matelots n'avaient pas perdu leur temps. Nous trouvâmes un grand feu flambant à l'abri d'une roche, et la marmite qui fumait. On s'assit en rond, les pieds à la flamme, et bientôt chacun eut sur ses genoux, dans une écuelle de terre rouge, deux tranches de pain noir arrosé largement. Le repas fut silencieux : nous étions mouillés, nous avions faim, et puis le voisinage du cimetière... Pourtant, quand les écuelles furent vidées, on alluma les pipes et on se mit à causer un peu. Naturellement, on parlait de la Sémillante.

–Mais enfin, comment la chose s'est-elle passée ? demandai-je au patron qui, la tête dans ses mains, regardait la flamme d'un air pensif.

–Comment la chose s'est-elle passée ? me répondit le bon Lionetti avec un gros soupir, hélas ! Monsieur, personne au monde ne pourrait le dire. Tout ce que nous savons c'est que la Sémillante, chargée de troupes de la Crimée, était partie de Toulon, la veille au soir, avec le mauvais temps. La nuit, ça se gâta encore. Du vent, de la pluie, la mer énorme comme on ne l'avait jamais vue... Le matin, le vent tomba un peu, mais la mer était toujours dans tous ses états, et avec cela une sacrée brume du diable à ne pas distinguer un fanal à quatre pas... Ces brumes-là, monsieur, on ne se doute pas comme c'est traître... Ça ne fait rien, j'ai idée que la Sémillante a dû perdre son gouvernail dans la matinée ; car il n'y a pas de brume qui tienne, sans une avarie, jamais le capitaine ne serait venu s'aplatir ici contre... C'était un rude marin, que nous connaissions tous. Il avait commandé la station en Corse pendant trois ans et savait sa côte aussi bien que moi qui ne sait pas autre chose.

–Et à quelle heure pense-t-on que la Sémillante a péri ?

–Ce doit être à midi ; oui, monsieur, en plein midi… Mais dame ! Avec la brume de mer, ce plein midi-là valait guère mieux qu'une nuit noire comme la gueule d'un loup… Un douanier de la côte m'a raconté que ce jour-là, vers onze heures et demie, étant sorti de sa maisonnette pour rattacher ses volets, il avait eu sa casquette emportée d'un coup de vent, et qu'au risque d'être enlevé lui-même par la lame, il s'était mis à courir après, le long du rivage, à quatre pattes. Vous comprenez ! les douaniers ne sont pas riches, et une casquette, ça coûte cher. Or il paraîtrait qu'à un moment notre homme, en relevant la tête, aurait aperçu tout près de lui, dans la brume, un gros navire à sec de toile qui fuyait sous le vent du côté des îles Lavezzi. Ce navire allait si vite, si vite, que le douanier n'eut guère le temps de bien voir. Tout fait croire cependant que c'était la Sémillante, puisque une demi-heure après le berger des îles a entendu sur ces roches… Mais précisément voici le berger dont je vous parle, monsieur ; il va vous conter la chose lui-même… Bonjour, Palombo !… viens te chauffer un peu ; n'aie pas peur.

Un homme encapuchonné que je voyais rôder depuis un moment autour de notre feu et que j'avais pris pour quelqu'un de l'équipage, car j'ignorais qu'il y eût un berger dans l'île, s'approcha de nous craintivement.

C'était un vieux lépreux, aux trois quarts idiot, atteint de je ne sais quel mal scorbutique qui lui faisait de grosses lèvres lippues, horribles à voir. On lui expliqua à grand-peine de quoi il s'agissait. Alors, soulevant du doigt sa lèvre malade, le vieux nous raconta qu'en effet, le jour en question, vers midi, il entendit de sa cabane un craquement effroyable sur les roches. Comme l'île était toute couverte d'eau, il n'avait pas pu sortir, et ce fut le lendemain seulement qu'en ouvrant sa porte il avait vu le rivage encombré de débris et de cadavres laissés là par la mer. Épouvanté, il s'était enfui en courant vers sa barque, pour aller à Bonifacio chercher du monde.

Fatigué d'en avoir tant dit, le berger s'assit, et le patron reprit la parole :

–Oui, Monsieur, c'est ce pauvre vieux qui est venu nous prévenir. Il était presque fou de peur ; et, de l'affaire, sa cervelle en est restée détraquée. Le fait est qu'il y avait de quoi… Figurez-vous six cents cadavres en tas sur le sable, pêle-mêle avec les éclats de bois et les lambeaux de toile… Pauvre Sémillante !… la mer l'avait broyée d'un coup, et si bien mise en miettes que dans tous ses débris le berger Palombo n'a trouvé qu'à grand-peine de quoi faire une palissade autour de sa hutte… Quant aux hommes, presque tous défigurés, mutilés affreusement…, c'était pitié de les voir accrochés les uns aux autres, par grappes… Nous trouvâmes le capitaine en grand costume, l'aumônier son étole au cou ; dans un coin, entre deux roches, un petit mousse, les yeux ouverts… ; on aurait cru qu'il vivait encore ; mais non ! il était dit que pas un n'en réchapperait…

Ici le patron s'interrompit :

–Attention, Nardi ! cria-t-il, le feu s'éteint.

Nardi jeta sur la braise deux ou trois morceaux de planches goudronnées qui s'enflammèrent, et Lionetti continua :

–Ce qu'il y a de plus triste dans cette histoire, le voici… Trois semaines avant le sinistre, une petite corvette, qui allait en Crimée comme la Sémillante, avait fait naufrage de la même façon, presque au même endroit ; seulement, cette fois-là, nous étions parvenus à sauver l'équipage et vingt soldats du train qui se trouvaient à bord… Ces pauvres tringlots n'étaient pas à leur affaire, vous pensez ! On les emmena à Bonifacio et nous les gardâmes pendant deux jours avec nous, à la marine… Une fois bien secs et remis sur pied, bonsoir ! bonne chance ! Ils retournèrent à Toulon où, quelque temps après, on les embarqua de nouveau pour la Crimée… Devinez sur quel navire !… Sur la Sémillante, monsieur… Nous les avons retrouvés tous, tous les vingt, couchés parmi les morts, à la place où nous sommes… Je relevai moi-même un joli brigadier à fines moustaches, un blondin de Paris, que j'avais couché à la maison et qui nous avait fait rire tout le temps avec ses histoires… De le voir là, ça me creva le cœur… Ah ! Santa Madre !…

Là-dessus, le brave Lionetti, tout ému, secoua les cendres de sa pipe et se roula dans son caban en me souhaitant la bonne nuit… Pendant quelque temps encore, les matelots causèrent entre eux à mi-voix… Puis, l'une après l'autre, les pipes s'éteignirent… On ne parla plus… Le vieux berger s'en alla… Et je restai seul à rêver au milieu de l'équipage endormi.

Encore sous l'impression du lugubre récit que je venais d'entendre, j'essayais de reconstruire dans ma pensée le pauvre navire défunt et l'histoire de cette agonie dont les goélands ont été seuls témoins. Quelques détails qui m'avaient frappé : le capitaine en grand costume, l'étole de l'aumônier, les vingt soldats du train, m'aidaient à deviner toutes les péripéties du drame… Je voyais la frégate partant de Toulon dans la nuit… Elle sort du port. La mer est mauvaise, le vent terrible ; mais on a comme capitaine un vaillant marin, et tout le monde est tranquille à bord…

Le matin, la brume de mer se lève. On commence à être inquiet. Tout l'équipage est en haut. Le capitaine ne quitte pas la dunette… Dans l'entrepont où les soldats sont enfermés, il fait noir ; l'atmosphère est chaude. Quelques-uns sont malades, couchés sur leurs sacs. Le navire tangue horriblement ; impossible de se tenir debout. On cause, assis à terre, par groupes, en se cramponnant aux bancs ; il faut crier pour s'entendre. Il y en a qui commencent à avoir peur… Écoutez donc ! les naufrages sont fréquents dans ces parages-ci ; les tringlots sont là pour le dire, et ce qu'ils racontent n'est pas rassurant. Leur brigadier

surtout, un Parisien qui blague toujours, vous donne la chair de poule avec ses plaisanteries :
– Un naufrage !… mais c'est très amusant, un naufrage. Nous en serons quittes pour un bain de glace, et puis on nous mènera à Bonifacio, histoire de manger des merles chez le patron Lionetti.
Et les tringlots de rire…
Tout à coup, un craquement… Qu'est-ce que c'est ? Qu'arrive-t-il ?…
– Le gouvernail vient de partir, dit un matelot tout mouillé qui traverse l'entrepont en courant.
Cet enragé de brigadier crie :
– Bon voyage !
Mais cela ne fait plus rire personne.
Grand tumulte sur le pont. La brume empêche de se voir. Les matelots vont et viennent, effrayés, à tâtons… Plus de gouvernail ! La manœuvre est impossible… La Sémillante, en dérive, file comme le vent… C'est à ce moment que le douanier la voit passer ; il est onze heures et demie. À l'avant de la frégate, on entend comme un coup de canon… Les brisants ! les brisants !… C'est fini, il n'y a plus

d'espoir, on va droit à la côte… Le capitaine descend dans sa cabine… Au bout d'un moment, il vient reprendre sa place sur la dunette…, en grand costume… Il a voulu se faire beau pour mourir.

Dans l'entrepont, les soldats, anxieux, se regardent, sans rien dire… Les malades essayent de se redresser… Le petit brigadier ne rit plus… C'est alors que la porte s'ouvre et que l'aumônier paraît sur le seuil avec son étole :

– À genoux, mes enfants !

Tout le monde obéit. D'une voix retentissante, le prêtre commence la prière des agonisants.

Soudain, un choc formidable, un cri, un seul cri, un cri immense, des bras tendus, des mains qui se cramponnent, des regards effarés où la vision de la mort passe comme un éclair…

Miséricorde !…

C'est ainsi que je passai toute la nuit à rêver, évoquant, à dix ans de distance, l'âme du pauvre navire dont les débris m'entouraient !… Au loin, dans le détroit, la tempête faisait rage ; la flamme du bivouac se courbait sous la rafale ; et j'entendais notre barque danser au pied des roches en faisant crier son amarre.

Le Pêcheur fou

illustré par Sébastien Chebret

À partir de 5 ans — *2 minutes* — *La folie d'Antonin*

C'était un jour de marché comme les autres. Antonin était installé à sa place habituelle, avec ses bêtes derrière lui, prêtes à être vendues au plus offrant. Deux chevaux, dont une jument qui allait mettre bas. Le jeune homme songeait que si par miracle le poulain naissait dans les heures à venir, le prix des enchères monterait d'un sacré cran. Pour l'instant, il se contentait d'observer les autres marchands, traînant qui des génisses, qui des oies bien grasses ou des moutons laineux. C'était un spectacle tumultueux, bruyant et coloré, qui l'enchantait toujours.

Le miracle eut lieu. La jument accoucha vers midi. Le poulain était vigoureux et se mit bientôt sur ses jambes, au grand bonheur d'Antonin. Mais un marché n'est pas l'endroit rêvé pour une naissance. Affolé par le bruit et l'agitation, le poulain échappa au jeune homme et courut se réfugier dans l'enclos des bovins, quelques pas plus loin, entre deux bœufs. Plus de peur que de mal. Antonin tâcha donc de le ramener près de la jument. Mais le maître des bœufs –un fieffé filou!– ne l'entendit pas de cette oreille.

–Fiche-moi le camp, sacripant! Ne vois-tu pas que ce poulain préfère mes bœufs à tes chevaux? Il est à moi, maintenant!

Antonin, furieux, le traita de mille noms d'oiseaux. Mais l'autre ne céda point. Ils décidèrent donc d'aller devant le roi pour demander justice.

–Cela me paraît fort simple, dit le roi. Qu'il en soit fait selon la volonté du poulain. Il restera là où il a choisi d'aller c'est-à-dire avec les bœufs. Affaire suivante!

Pauvre Antonin! Ses affaires allaient mal! Mais il ne se laissa pas abattre. Le roi ayant annoncé qu'il visiterait le marché le lendemain, le jeune homme l'attendit de pied ferme. Quand le souverain apparut, il fut éberlué devant un Antonin traînant un filet de pêche au beau milieu de la foire.

–Que fais-tu là, malheureux?

Antonin ricana.

–Vous voyez bien que je pêche, sire!

–En plein marché? Es-tu tombé sur la tête?

–Réfléchissez, majesté. Si deux bœufs peuvent engendrer un poulain, ventrebleu! je ne vois pas ce qui m'empêcherait de pêcher des poissons sur la place du village!

Amusé, le roi descendit de son carrosse. Il se mit à penser que son jugement de la veille avait été quelque peu injuste. Et il décida de rendre le poulain à Antonin. De plus, séduit par la ruse du jeune homme, il l'engagea sur le champ comme écuyer. Au grand dam du marchand de bœufs, qui avait perdu dans l'affaire un poulain… et une victime à duper!

La Mer a disparu

illustré par Violaine Leroy

À partir de 7 ans *14 minutes* *L'anneau magique*

La mère de Nicolas entrouvre le rideau de la douche et passe la tête :

– Nicolas, tu es prêt ?

Pas de réponse !

Elle baisse un instant le débit de l'eau et crie un peu plus fort :

– Nicolas ! Je te demande si tu es prêt…

– Mmouais ! lui répond-il du salon.

Mais quand, les cheveux encore mouillés, elle vient vérifier par elle-même, elle le trouve encore en pyjama, jouant au cassebriques sur son écran télé.

Clic ! clac ! elle éteint le jeu vidéo d'un geste autoritaire.
–Tu te fiches de moi ?… Dépêche-toi d'aller t'habiller. J'ai dit à Papi qu'on serait à Plouarzec vers onze heures… Et j'ai rendez-vous avec Pierre et Sophie à midi.
–J'ai pas envie d'aller chez Papi. Je veux venir avec toi.
–Ne discute pas, ce n'est pas possible…
Colas file se préparer en ronchonnant.
Et durant tout le trajet en voiture, il fait sa tête des mauvais jours. Quand sa mère lui parle, il répond par des mmouais et des mmmhhh. Finalement, elle se fâche :
–Écoute, Nicolas, j'ai tout de même le droit de partir un week-end. Tu n'en mourras pas… Cela fait une éternité que je l'ai promis à Sophie… Ne te conduis pas comme un égoïste ! J'ai, moi aussi, le droit d'avoir des amis !
–Je t'ai rien dit, articule Nicolas, tout penaud.
–Oh ! il n'y a qu'à voir ta tête de cochon…
–Tu reviens quand ?
–Je te l'ai répété au moins cent fois : dimanche à midi. Tu n'as qu'une nuit à passer chez Papi. Ce n'est pas la mer à boire.
–Je vais m'ennuyer !
–Avec ce soleil ?… Tu plaisantes, ou quoi ! Je suis sûre que Papi t'a préparé tout un programme. Allez, fais-moi un bisou !
Nicolas dépose un baiser tout mou sur la joue de sa maman… qui pousse un long soupir fatigué.

La Mer a disparu

Et voilà ! Elle est partie !
Nicolas se retrouve seul, en tête-à-tête avec son Papi, dans la vieille maison de Plouarzec.
Pendant que son grand-père lui mijote sa spécialité – crabe tourteau-mayonnaise –, Nicolas regarde le cadre posé sur la cheminée : Papi et Mamie Jeanne sur La Blanche Hermine, le bateau de pêche de la famille. Il aimait bien sa Mamie. Elle faisait les crêpes au sarrasin les plus délicieuses du pays. Sur la photo, on dirait presque sa maman. Elle a le même sourire…
Jusqu'à l'an dernier, ils passaient le mois d'août tous ensemble, dans la vieille maison de Plouarzec. L'océan est à moins de deux cents mètres. On l'aperçoit même des fenêtres des chambres. Et avec sa mère, qui est une vraie championne de natation, il n'a peur de rien…
L'ennui, c'est qu'on est encore au printemps… Un peu tôt pour se baigner !

Le grand-père dépose sur la table une assiette garnie de salade. Quand Nicolas soulève les feuilles, il ne trouve qu'un minuscule crabe vivant qui essaie de s'enfuir. Le vieil homme se tape sur le ventre et retourne à la cuisine chercher le vrai tourteau, en marchant de côté comme les crabes…
Mais Nicolas n'a pas même un sourire !
– Oh ! la la ! râle le vieil homme ! Fais pas cette tête d'enterrement. Tu la reverras, ta mère… Et puis, on va bien s'amuser, tous les deux… Allez, fais-moi plaisir ! Mange ton tourteau et on file à la plage.
– Pour quoi faire ? On ne peut pas se baigner !
– La belle affaire ! Tu crois donc que la plage ne sert qu'à barboter ? Je vais te montrer, moi, p'tit gars de la ville. La mer, c'est bourré de trésors. Ceux qui la considèrent seulement comme une grande baignoire ne sont que des marins d'eau douce… Madoué, je vais faire de toi un vrai matelot breton !

C'est vrai que le grand-père se donne beaucoup de mal. Il emmène Nicolas sur le chemin des douaniers, qui longe l'océan, et lui raconte des tas d'histoires :

– Tu connais le vieux Kévin ?

Bien sûr qu'il le connaît ! C'est le plus ancien marin-pêcheur de Plouarzec. Un sacré loup de mer ! Il a bourlingué de Terre-Neuve au cap Horn.

– Eh bien, regarde cette île, tout là-bas… Il m'a dit qu'autrefois elle était habitée par des naufrageurs. Ils allumaient des feux pour faire croire aux navires qu'il y avait un port. Et, au petit matin, ils venaient piller leurs épaves, brisées sur les récifs.

Papi parle, parle… Pirates, corsaires, bateaux-fantômes… Nicolas ne l'écoute qu'à demi. Il pense à sa mère.

Il se dit qu'il aurait pu être plus gentil avec elle. Il n'avait pas vraiment de raison de lui faire la tête. Ce n'est pas si souvent qu'elle le laisse seul… Mais voilà, ç'a été plus fort que lui.

Arrivé aux rochers, Papi montre à Nicolas les coins où dénicher les grappes de moules. Puis, sur la plage, il profite de la marée basse pour lui faire un vrai cours de sciences naturelles. Berniques, bigorneaux, praires, oursins, couteaux, équilles… faut reconnaître qu'il en connaît un rayon, le grand-père !

Nicolas retrouve un peu de sa bonne humeur. Il remonte son jean jusqu'à mi-cuisses et s'avance dans l'eau. Elle est plutôt froide, mais tant pis. Il veut montrer à son grand-père qu'il n'est pas une mauviette. À grandes enjambées, il éclabousse tout sur son passage.

– T'éloigne pas chenapan ! Il pourrait y avoir un trou…

Nicolas n'en fait qu'à sa tête. Soudain, il voit quelque chose briller sur le sable. Il retrousse ses manches et plonge le bras.

– Nicolas, reviens tout de suite !

– Une seconde, j'arrive.

Au bout de ses doigts, il sent la forme d'un anneau. Il tire dessus, rien ne vient. Il plonge les deux bras et tire de toutes ses forces… Patatras !

il se retrouve les fesses dans l'eau, un anneau de métal dans la main.
– Te voilà les fesses au frais ! gronde son grand-père.
Nicolas examine sa trouvaille. Bizarre ! un cylindre de ferraille est fixé à l'anneau. Il jette un coup d'œil au fond de l'eau. Par le trou qu'a laissé le bout de fer sortent de petites bulles. L'eau de la mer semble s'échapper, comme lorsque l'on enlève la bonde d'une baignoire pour la vider.
– Aïe, aïe ! on dirait que j'ai encore fait une bêtise !
Il glisse le drôle d'objet dans sa poche et file rejoindre son Papi.
– Pour être frais, tu es frais ! tempête le vieil homme. Mais, enfin, qu'est-ce que tu fabriquais ?
– J'avais vu un gros poisson.
– Et tu croyais qu'on les attrapait avec les mains ? Tu n'as jamais entendu parler de cannes à pêche et de filets ? Ah ! Qui m'a fichu un petit-fils pareil ? Allez, viens vite te changer ! On rentre à la maison.
« Décidément, pense Nicolas, je ne suis bon qu'à donner du souci à tout le monde. »

Les colères du Papi ne durent jamais bien longtemps. Pour se faire pardonner, Nicolas lui a proposé une partie de bataille navale… et, au bout de quelques B3, G8, touché, coulé, l'incident était oublié. Pris par le jeu, Nicolas en avait oublié aussi son histoire d'anneau et de bouchon.
L'ennui, c'est qu'avant de souper le grand-père a eu la malencontreuse idée

d'écouter les informations régionales… Et ce qu'ils ont entendu a fait dresser les cheveux sur la tête du petit garçon :
– Une nouvelle exceptionnelle en provenance de l'Institut maritime de Quimper : le niveau de l'océan a baissé de plus d'un mètre dans la soirée. Les scientifiques qui se penchent actuellement sur ce problème ne s'expliquent pas un tel phénomène.
– Un mètre ! s'écrie le grand-père. Par tous les saints de Cornouaille ! La Blanche Hermine doit avoir les fesses à l'air !
Cette fois, Nicolas a bien l'impression d'avoir fait la bêtise du siècle.
Pendant le repas, il n'arrive pas à avaler un morceau, guettant l'écran de télé, l'air inquiet.
Après les pubs et la météo, le speaker revient à la charge et finit de démoraliser Nicolas :
– Chers téléspectateurs, c'est absolument incroyable : on apprend à l'instant que LA MER A DISPARU ! Le niveau de l'eau, dont nous vous annoncions, il y a quelques minutes, qu'il baissait dans des proportions anormales, est désormais à zéro. Les côtes bretonnes ne sont plus qu'une vaste étendue de sable où sont échoués des milliers de bateaux. C'est un vrai désastre pour l'économie régionale…
– Tu entends ça, Nicolas ? Hé ! Nicolas ! Tu as entendu ?
Mais Nicolas reste bouche bée.
Papi le secoue et le force à monter jusqu'aux chambres pour voir le spectacle de la fenêtre. Ils braquent les yeux vers la côte. Il fait nuit noire, pourtant le vieil homme est formel :
– Si l'océan était là, on verrait son reflet éclairé par la lune !
Catastrophé, Nicolas se jette sur le lit et cache sa tête sous les coussins.
Le grand-père n'y comprend rien :
– Allons, petit, qu'est-ce qu'il y a ?
Nicolas sanglote :
– C'est ma faute, Papi !
– Mais non, qu'est-ce que tu racontes ? Pourquoi veux-tu que ce soit ta faute ? Tu n'as pas compris que…

Nicolas sort la tête de sous les coussins… et lui montre le bouchon :
– Tout à l'heure, j'ai enlevé cet anneau de la mer… et j'ai bien vu que toute l'eau s'en allait. Je ne fais que des bêtises.
Grand-père examine la trouvaille de Nicolas :
– C'est pourtant bien vrai qu'on dirait un bouchon ! Mais c'est pas Dieu possible que ce bout de ferraille retienne la mer !
Il le tourne dans tous les sens.
– Dès que je l'ai enlevé, pleurniche Nicolas, plop ! ça a fait des bulles… et l'eau est partie.
– Sacredieu ! Je t'avais pourtant bien dit de ne pas trafiquer dans la mer. Tu n'écoutes jamais ton Papi…
Pour se faire pardonner, Nicolas se blottit contre lui. Le grand-père se radoucit :
– Allons, on va tâcher d'arranger ça… Mais faut que je réfléchisse…
Nicolas redresse la tête.
– Et le capitaine Kévin ? Tu m'as toujours dit qu'il savait tout sur l'océan …
– Le vieux Kévin ? Un vrai forban des hautes mers, oui ! Mais c'est qu'on ne le dérange pas comme ça, tu sais !
Il enlève sa casquette, se gratte le crâne, remet sa casquette, puis frappe dans ses mains :
– Oui. C'est la meilleure solution. Faut y aller, mon gars !
En deux temps trois mouvements, les voilà à califourchon sur la Mobylette du Papi. Nicolas se dit qu'il a un grand-père du tonnerre de Brest…

Ah ! la maison du vieux Kévin, c'est vraiment quelque chose ! Toute seule, perdue sur la colline au milieu des bruyères. Et, à l'intérieur, une seule grande pièce, avec des filets qui pendent partout.
Lorsqu'ils arrivent, ils trouvent le vieil homme dans un fauteuil, face au feu dans la cheminée. Il fume tranquillement la pipe, tout en réparant, avec sa navette, un grand filet de pêche qui lui couvre genoux et jambes.

Sans se soucier du jeune garçon, les deux hommes se lancent dans une grande discussion en breton. Nicolas est impressionné… De temps en temps, Papi le montre du doigt, et le vieux Kévin hoche la tête. Soudain, il se lève et va rajouter une bûche dans la cheminée.
Pendant qu'il tisonne le feu, Nicolas l'entend qui marmonne entre ses dents :
– Ben, mon gars !… Ben, mon p'tit gars !…
Il se retourne et tire une bouffée de sa pipe.
– Montre-lui le bouchon ! souffle Papi.
Nicolas farfouille dans ses poches et, tremblant, tend l'objet au vieux bourlingueur des mers. Le marin le tourne, le retourne, respectueusement, à la lueur des flammes.
– J'en avais entendu parler dans de vieilles légendes celtiques, mais j'aurais jamais cru que…

D'une armoire branlante, il sort un bouquin jauni qu'il feuillette dans leur dos, semblant chercher quelque mystérieux renseignements.
Nicolas a la gorge nouée.
– Aie confiance, lui murmure son Papi, il va trouver !
Brusquement, le vieux Kévin range son livre, reprend sa place dans le fauteuil et fait signe à Nicolas de venir s'asseoir sur ses genoux. Le petit garçon n'est pas très rassuré, mais le grand-père l'encourage du regard.
– Avec l'aide des korrigans de la lande, je dois pouvoir arranger ça ! souffle le vieil homme, en faisant danser le bouchon dans sa main… Mais il faut que tu me promettes de toujours respecter la mer, comme un vrai Breton…
– Je le promets ! murmure Nicolas qui se met à pleurer.
Le vieux Kévin sort un mouchoir à carreaux et lui essuie le visage :
– Allons, allons, sèche tes pleurs ! Je vois que tu es sincère… Tout va pouvoir s'arranger.
Il enveloppe le bouchon de métal dans le mouchoir mouillé qu'il glisse dans sa poche :
– La mer est salée. Elle a de temps en temps besoin de larmes… Tu peux rentrer chez toi. Demain, l'océan sera revenu à sa place. C'est moi qui te le promets… Foi de marin-pêcheur !
Le grand-père prend Nicolas dans ses bras :
– Je te l'avais dit. Kévin et l'océan, c'est comme si ça ne faisait qu'un !
Les deux hommes se parlent en breton, se tapant sur l'épaule en riant. Nicolas se sent soulagé. Demain, la mer sera revenue, il en est sûr maintenant.

Une fois dans sa chambre, Nicolas décide qu'il ne dormira pas. Il veut voir le lever du soleil sur l'océan. Il veut être le premier à contempler ce miracle.
Pour se tenir éveillé, il pense à toutes les légendes qui lui racontait son Papi quand il était plus petit. Il revoit la famille au grand complet,

rassemblée autour de la cheminée… et son grand-père tenant tout le monde en haleine avec des histoires d'Ankou, d'elfes, de korrigans et de capitaines au long cours… La mer y était toujours présente, grande force mystérieuse et respectée.

Les heures passent : onze heures, minuit, une heure, deux heures du matin…

Finalement, les paupières de Nicolas se font très lourdes, et il s'endort.

Un bruit de volets. Le soleil de printemps qui inonde la pièce.

– Nicolas ! Nicolas !

Le petit garçon ouvre les yeux. Sa mère est là, debout près du lit, au côté de son grand-père, souriant. Nicolas saute au cou de sa mère :

– Tu es déjà revenue ?

– C'est qu'il est près de midi… Je crois que tu as fait la grasse matinée. L'air de la mer semble te faire du bien.

Le garçon bondit à la fenêtre et, tout heureux, se met à crier :

– Elle est là, elle est là… Elle est revenue.

Sa mère qui ne comprend pas, interroge le grand-père du regard. Le vieil homme éclate de rire :

– Hier, c'était le 1er avril ! Aux actualités, ils ont annoncé que la mer avait disparu.

– Et bien sûr, le gronde-t-elle gentiment, tu le lui a laissé croire. Tu en as même rajouté, sans doute ! Tu ne changeras donc jamais…

Nicolas ouvre des yeux comme des billes, puis il comprend d'un coup… Fichu marin de grand-père ! Il l'a encore mené en bateau !

Pendant quelques secondes, il fait mine de bouder, puis il lui saute dans les bras, en riant lui aussi…

– Hé, hé ! avoue que tu ne t'es pas ennuyé ! dit Papi. Pour un poisson d'avril, c'était un poisson d'avril ! Il n'y a qu'en Bretagne qu'on en pêche d'aussi gros. Pas vrai, mon p'tit gars ?

Les Trois Fils noirs du soleil

illustré par Elsa Fouquier

À partir de 6 ans — *4 minutes* — *La découverte de l'Islande*

Le soleil venait de se lever. Sur la coque du drakkar, qui fendait les flots de son allure tranquille, les vagues jetaient leur écume blanche.

C'était le douzième jour du mois des semailles, en cette année 864, et le bateau avait déjà navigué trois grands jours, laissant loin derrière lui le port de Nidaros, en Norvège. L'équipage était au grand complet. Son chef s'appelait Ulrich et commandait vingt-six rameurs. Un devin les accompagnait.

Ulrich était un preux guerrier. On le respectait. Mais lorsqu'il parlait de terres nouvelles, là-bas, à l'ouest de la mer immense, ses hommes le

prenaient pour un fou.
Quel Viking avait jamais vogué si loin ?
Seuls les dieux savaient ce qu'il y avait derrière l'horizon.
L'équipage était passablement inquiet.

De surcroît, Ulrich avait emmené sur le drakkar une cage en osier où il tenait enfermé trois corbeaux, noirs comme la braise froide. Tout le monde regardait ces étranges compagnons d'un drôle d'œil. Mais Ulrich ne s'en souciait guère : il voguait vers des terres nouvelles. Par Thor, il savait ce qu'il faisait !

Le vent était du voyage. Les rames frappaient l'eau au rythme du tambour et le drakkar filait sur l'eau. Olav, le vieux devin, rejoignit Ulrich à l'avant du navire.

– Où donc nous emmènes-tu ? Tu es notre chef, Ulrich. Nous t'aimons et te respectons. Mais les hommes murmurent que l'esprit de la raison a quitté ton crâne.

Ulrich ne répondit pas. Il ne cessait de scruter l'horizon.

– Rentrons chez nous, continua Olav. Ce voyage est une folie.

– Cesse donc tes lamentations, vieillard ! Tu sais que je ne ferai pas demi-tour tant que nous n'aurons pas atteint les terres derrière l'horizon !

Olav soupira. Ce jeune fou était indomptable.
– Prends garde à la colère des dieux, Ulrich, répéta-t-il.
L'autre éclata de rire.
– C'est Thor lui-même qui m'inspire, Olav ! C'est lui qui m'a désigné les arbres les plus vigoureux pour la coque du drakkar, le lin le plus solide pour la grand-voile, les rameurs les plus courageux ! Nous déjouerons les pires tempêtes, crois-moi !
– Fou ! Que ton navire résiste à tous les vents, qu'il puisse affronter les ouragans, nul n'en doute ! Mais qu'arrivera-t-il si tu t'obstines à courir vers des terres introuvables ?
– Introuvables ? rugit Ulrich. Mes corbeaux les trouveront, vous verrez ! Vous le verrez tous !
Olav hocha la tête. Si ses mots magiques et ses incantations n'avaient pas réussi à rapprocher du drakkar les terres de l'ouest, qu'est-ce que trois pauvres corbeaux y feraient ? Il laissa Ulrich avec ses rêves insensés.
Mais l'autre avait déjà ouvert la cage d'osier et, saisissant l'un des oiseaux, il le lança vers le ciel en hurlant :
– Rapporte-moi la promesse d'une terre nouvelle, fils des nuées !
L'oiseau tournoya un instant autour du drakkar en de longs cercles hésitants, puis revint se percher sur le poing de Ulrich.
– À l'ouest, compagnons ! À l'ouest ! cria le Viking.
Le lendemain, la mer était plus grise encore et le ciel plus noir. Olav le devin s'était muré dans un farouche silence et l'équipage grondait. Ulrich saisit le deuxième corbeau et le lança comme le premier. L'oiseau fonça vers l'ouest avant de disparaître dans le brouillard épais.
– Suivez-le, hommes de Norvège ! ordonna Ulrich d'une voix tranquille.
Personne n'osa désobéir. Vers le milieu de la journée, le corbeau réapparut, épuisé, et se posa sur l'épaule du Viking. Celui-ci riait. Il se tourna vers le devin.
– Nous sommes dans la bonne direction, Olav, crois-moi, vieux forban !

Mais le lendemain, les hommes étaient au bord de la mutinerie. Dans leurs yeux luisaient la peur, l'incompréhension. Olav s'était terré à fond de cale. Seul Ulrich, debout à la proue, regardait la mer d'un air paisible. Il saisit le dernier corbeau et le jeta vers l'horizon.
– Tu es notre dernier espoir, fils du ciel ! Va !
Sans l'ombre d'une hésitation, le corbeau piqua droit vers l'ouest. Bientôt, il ne fut plus qu'un point minuscule au-dessus de la mer. Ulrich se tourna vers l'équipage.
– Mes amis, je vous promets de faire demi-tour si jamais ce corbeau revient sur le pont du drakkar.
Il enfla sa voix :
– Mais pour l'instant, suivez-le ! Ramez, ramez, mes frères de Norvège ! Je sais que nous touchons au but !
Galvanisés par l'enthousiasme de leur chef, les hommes appuyèrent sur les rames. On guettait le retour du corbeau, qui ne revint pas. Ulrich sut que l'oiseau avait trouvé les terres nouvelles.
Pendant deux jours le drakkar fila au vent, et Ulrich tapait lui-même sur le tambour pour encourager ses hommes. Olav était aux côtés de son chef.
Enfin, vers le soir du second jour, ils abordèrent une côte couverte de glace blanche. Ulrich, fou de joie, la nomma Ice-Land, la Terre de glace.
Il avait su écouter son cœur et lire le vol des corbeaux. Un oiseau vole toujours en direction de la terre ferme, même en plein océan. Et les trois corbeaux de Norvège avait conduit le drakkar d'Ulrich jusqu'en Islande !

L'Île sans nom

illustré par Sébastien Chebret

À partir de 7 ans

5 minutes

La complainte du pauvre Narcisse

Le ciel était calme, la mer tranquille. Ce jour-là, le trois-mâts Saint-Paul voguait paisiblement vers l'Australie. Il venait de quitter Hong-Kong, où plus de trois cents coolies chinois avait embarqué.

Le paysage était grandiose. La mer de Corail est parsemée d'îles au sable blanc, aux cocotiers qui tanguent doucement dans la brise chaude. Un paradis. Le Saint-Paul, son équipage et les coolies chinois naviguaient au paradis.

Même en un lieu pareil, le danger peut surgir à tout instant. Il s'appelle typhon. Il transforme l'enchantement en cauchemar. Il fracasse les navires sur les récifs meurtriers qui jalonnent les côtes. Il fait naître l'enfer.

C'est ce qui arriva au Saint-Paul. Un soir, le ciel devint aussi sombre que la nuit et un cyclone balaya la mer. Tout ce qui flottait sombra.

Par une chance inouïe, les vingt hommes d'équipage et les coolies réussirent cependant à rejoindre un atoll, avec les quelques vivres qu'ils avaient pu sauver. Ils étaient sains et saufs. Mais l'îlot était une masse de pierre sèche, sans eau, ni arbres, ni gibier. Les pauvres vivres ne durèrent pas longtemps. La famine s'installa.

Le capitaine décida donc d'embarquer avec onze marins sur la seule chaloupe qui avait échappé au naufrage, afin d'aller chercher du secours sur une côte voisine. Si elle existait. Ils prirent les derniers vivres, quelques gourdes d'eau récoltée pendant les pluies, et partirent plein sud, en direction de l'Australie. Parmi eux, Narcisse Pelletier, un jeune mousse de quatorze ans, qui avait embarqué à Nantes six mois plus tôt, et dont c'était le premier voyage. Et quel voyage !

Les jours passèrent. Ou les semaines ? Tapis au fond de la barque, accablés par la chaleur, les hommes n'avaient plus aucune notion du temps. Ils étaient la proie d'incessantes hallucinations. Les uns voyaient des îles verdoyantes à chaque vague, les autres des navires remplis de victuailles. Mais l'horizon désert les rappelait bien vite à la réalité.

Toutefois, un matin brumeux, alors qu'ils avaient perdu tout espoir, ils accostèrent une grève blanche. Le rivage fourmillait de crabes et de coquillages, les cocotiers poussaient comme des champignons. Et ce n'était pas un de ces satanés mirages, fichtre non ! Poussant plus loin à l'intérieur des terres, ils découvrirent une source au milieu d'une vallée boisée. Paradis, paradis…

Après quelques jours où ils reprirent force et courage, une question revint, obsédante : comment rejoindre les grandes terres d'Australie avant l'époque des tempêtes et ramener à leurs compagnons perdus l'aide promise.

L'Île sans nom

–Il faut continuer notre route, dit le capitaine. L'Australie est là-bas, plein sud, après le détroit de Torrès. Partons avant la tombée de la nuit.

Il chargea Narcisse Pelletier de récolter quelques noix de coco derrière les dunes. Le jeune mousse partit sur le champ, pendant que ses compagnons ramassait coquillages et crustacés.

Dieu qu'il faisait chaud. Narcisse s'allongea un moment dans l'ombre douce d'un arbre. Ses paupières étaient lourdes, lourdes. Un instant plus tard, il sombrait dans un sommeil de plomb.

Ce n'est qu'au coucher du soleil que le jeune garçon se réveilla. Il sauta sur ses jambes, se mit à galoper vers la plage. Déserte ! Aussi vide qu'une coquille d'huître gobée ! Ses camarades l'avaient abandonné dans cette île sans nom, au milieu de l'océan !

Il était seul. Il hurla sa peur, cogna ses poings sur le sol, appela, appela encore. Jusqu'à se casser la voix. Alors, s'allongeant sur le sable, Narcisse se mit à pleurer doucement.

Il finit par s'endormir, des sanglots dans la gorge.

Pendant des semaines, il resta là, sur la grève, à scruter l'horizon, dans l'espoir de voir au loin passer un bateau. Mais rien ni personne ne croisait dans les parages, à part les oiseaux.

Pas une nuit sans qu'il ne rêvât des marins du Saint-Paul, de sa famille, de son père, Martin Pelletier, cordonnier à Nantes, sa bonne ville.

Les jours passèrent. Puis les mois, les années…

Le capitaine du Saint-Paul avait été recueilli avec ses marins par un navire et conduit à Sydney, en Australie. Sur son rapport, deux lignes sur les coolies chinois et les marins laissés sur l'atoll, et sans aucun doute morts de faim. Une ligne sur le mousse : « Narcisse Pelletier, très certainement mort sur une île où nous fîmes escale. »
On envoya un courrier à Martin Pelletier, lui annonçant le décès de son fils.

Dix-sept ans passèrent. Un jour de juin, la goélette John Bull aborda une île qu'on appelait Night Island. Sur le rivage, des Papous faisaient de grands gestes de bienvenue. Parmi eux, un homme blanc. Il paraissait âgé d'une trentaine d'années. Il était au milieu des indigènes comme parmi ses frères. Comme eux, il chassait, il pêchait, il ramassait des coquillages et des noix de coco. Les marins l'emmenèrent. On le rapatria sur Sydney. On l'interrogea sur les raisons de sa présence sur l'île. Mais il avait oublié jusqu'à sa propre langue.
Puis, peu à peu, la mémoire lui revint. Il parla de la Vendée, de son père cordonnier, du Saint-Paul et des naufragés de la mer de Corail. Il parla de sa longue solitude et des Papous qui l'avaient recueilli et adopté.
C'était Narcisse Pelletier, le mousse abandonné sur une île sans nom.
On le ramena à Nantes. Il retrouva son père, sa famille. Jamais plus il ne voulut repartir en mer. On lui trouva un emploi de gardien au sémaphore de Saint-Nazaire.
Là, perdu dans sa nouvelle solitude, il contemplait la mer comme une sœur ennemie. Au fond de ses yeux, gravés pour l'éternité, il y avait les trois cents coolies chinois, et une partie de l'équipage du Saint-Paul. Et peut-être aussi ses frères Papous, qui l'avaient arraché au désespoir, et qu'il ne reverrait plus jamais, là-bas, sur Night Island, au large de l'Australie…

Le Capitaine fou

illustré par Elsa Fouquier

À partir de 7 ans — *3 minutes* — *Une redoutable tempête*

C'était par une douce matinée de septembre. La Bella Dona voguait vers Gênes. Le navire avait quitté Marseille au petit matin. D'ailleurs, il était bien le seul à être parti : tous les pêcheurs du port avaient renoncé à sortir en mer, au vu de la cohorte de lourds nuages noirs qui obstruaient le ciel.

Le capitaine génois et son fils Valentino avaient longuement hésité avant d'embarquer. Eux aussi craignaient les terribles colères de la mer. Mais attendre le bon vouloir du ciel, c'était perdre à coup sûr leurs clients, qui devaient les attendre impatiemment là-bas, à Gênes. Impossible de se le permettre. Et puis sans doute le vent chasserait-il l'orage au loin…

Mais il n'en fut rien. Au contraire. Le ciel noircit plus encore, les vagues se firent énormes. Bientôt le vent gonfla les voiles à les déchirer.
– Baissez le foc ! Rabattez le perroquet ! hurlait le capitaine à l'équipage. Près de lui, Valentino tenait la barre, priant pour que le gouvernail tienne le choc.
Lorsqu'un éclair illumina le ciel, faisant rouler sur la mer un grondement formidable, ce fut la panique à bord. La tempête ! Elle arrivait ! Elle allait fondre sur le bateau comme un rapace. Les hommes de l'équipage étaient terrifiés. Il fallait trouver une solution, et vite ! Sinon la mer allait être la plus forte.
– Père ! hurla Valentino. Regardez, à bâbord ! Port-Miou ! Nous y serons à l'abri !
Port-Miou venait d'apparaître, en effet. C'était une crique cachée dans la terre, à peine visible, dont l'ouverture était étroite et peu profonde, bordée de sombres rochers.
– Trop difficile à aborder, mon garçon ! tonna le capitaine. Nous nous fracasserons sur les récifs !
Mais le garçon fit pivoter son gouvernail et la Bella Dona cingla vers Port-Miou. C'était d'ailleurs la seule chose à faire, et le capitaine l'admit tout d'abord. Mais au fur et à mesure que le bateau s'avançait

vers la passe, il fut pris d'un doute terrible. Un doute qui ressemblait furieusement à la peur.
– Tu vas nous écraser sur les récifs, garçon ! Redresse la barre !
Valentino ne l'écoutait plus. Ils allaient passer ! Il fallait qu'ils passent ! La Bella Dona n'était plus qu'à quelques encablures de Port-Miou. Il tenait sa barre comme une lance. Indifférent à l'affolement de son père.
– Regagne le large, Valentino ! M'entends-tu ?
Peine perdue. Le jeune homme n'avait d'yeux que pour ce bout d'espoir, là-bas, fiché entre deux écueils noirs. Alors, il se passa une chose incroyable. Le capitaine saisit une hache, et, poussant un grand cri dément, fracassa la tête de son fils.
– Je suis seul maître à bord ! Comprends-tu ? Canaille !
À cet instant précis, le bateau, presque couché par la violence du vent, passait l'ouverture de la crique et atteignait les eaux calmes du port.
Sauvés ! Ils étaient sauvés ! La Bella Dona dérivait vers la terre, maintenant, définitivement à l'abri. Les hommes entourèrent le capitaine, le regard lourd de reproches.
L'homme était hébété. Sa crise de folie passée, il contemplait le corps de son fils, étendu sur le pont. Sans bien comprendre ce qui était arrivé. Il regarda ses hommes une dernière fois. Port-Miou était tout proche.
Personne ne put l'empêcher de se jeter à l'eau. Il disparut dans les flots en quelques secondes, comme une pierre.

Oui, les tempêtes pénètrent parfois dans la tête des hommes. Il faut le savoir quand le ciel s'obscurcit, quand le vent se met à fouetter les voiles, quand les vagues se creusent. De la mer, cette terrible compagne, on doit s'attendre à tout.

Vingt mille ans sur les mers

Le Serpent des mers

illustré par Violaine Leroy

À partir de 6 ans — *4 minutes* — *La disparition du serpent*

Bien des légendes ont couru sur la côte qui longe la Nouvelle-Angleterre, dans le Nouveau Monde. Mais il n'en est guère de plus étrange que celle du serpent de mer.

Ce fut un pêcheur qui, le premier, décrivit aux gens de Cap-Ann la terrible apparition. Il avait vu, oui, de ses yeux vu le serpent ! Aucun rapport avec les énormes squales auxquels il avait dû parfois faire face, non ! C'était un véritable monstre, celui-là. Aussi long que dix grands mâts de navires, pas moins ! Une énorme gueule sombre comme l'entrée de l'enfer, et une langue fendue en deux qui sifflait atrocement quand il la dardait. Ses écailles viraient parfois au vert, parfois au rouge et ses deux yeux jaunes en disaient long sur sa cruauté.

Pendant longtemps, on ne parla que de ça. On disait que le monstre apparaissait tantôt dans la baie de Gloucester, tantôt dans celle de Nahant. On venait de partout pour tenter de l'apercevoir, de loin si possible. Pas une femme de pêcheur qui ne tremblât à l'annonce de l'apparition ici ou là de l'épouvantable animal. Pas un pêcheur qui ne scrutait désormais l'horizon avec de l'effroi au fond des yeux.

La réputation du serpent des mers fut bientôt telle que le Muséum d'histoire naturelle de Londres offrit une énorme récompense à quiconque ramènerait la créature. Ce qui déclencha une véritable ruée vers la Nouvelle-Angleterre.

Chasseurs de baleines, spécialistes en reptiles, aventuriers de tout poil se précipitèrent là-bas.
Parmi eux, un jeune homme du nom de Lawrence.
Ce n'était ni un baleinier, ni un expert ; simplement le plus merveilleux chanteur que la terre eût jamais porté. Sa voix envoûtait quiconque l'écoutait. Nul violon, nulle flûte ne pouvait rivaliser avec lui. Il lui suffisait d'entonner un chant pour que tout s'arrêtât autour de lui.
Lawrence n'était pas seulement un merveilleux chanteur. C'était aussi un sacré malin. Pourquoi ne charmerait-il pas le monstre avec sa voix, comme les fakirs le font avec les serpents, en Inde ? se disait-il.
On se moqua de lui : ce gringalet ! Et avec une misérable coque de noix pour tout navire ! Quelle lubie que de vouloir partir à la chasse au serpent des mers avec un si piètre attirail ! Mais le jeune homme avait confiance dans le pouvoir de son chant.

Il partit sur sa barque un soir de pleine lune et rama vers le large. Quand il fut assez loin de la côte pour ne plus entendre que le clapotis des vagues, il s'arrêta. Puis, debout, il commença à chanter. Une exquise mélodie s'éleva dans le ciel noir, comme si la mer elle-même adressait à la lune et aux étoiles quelque ode mélodieuse. Lawrence chanta et c'était féerique. Sur les flots régna soudain un silence extraordinaire. On aurait pu croire que les vagues cessaient de clapoter sur la barque pour mieux l'entendre. Le jeune homme ne cessa de chanter jusqu'à l'aurore.
Lorsque le soleil pointa au-dessus de la mer, quelque chose d'insensé se produisit. Comme Lawrence avait depuis longtemps fermé les paupières, tout à son chant, il ne vit pas les flots s'ouvrir lentement, et deux yeux jaunes s'allumer près de lui. Ceux du serpent des mers, bien sûr, qui se dressait maintenant au-dessus de l'eau, et dont le corps ondulait au rythme de la mélodie, envoûté par la voix du garçon.
Lawrence l'aperçut enfin. Mais malgré la taille gigantesque et le regard terrifiant du monstre, il ne fut pas effrayé, non. Au contraire, il se

sentit ému d'avoir pu toucher une telle créature par la seule puissance de son chant, et de la voir, là, aussi inoffensive qu'un gros lézard. C'était fantastique de voir l'animal onduler près de son minuscule esquif, paisible et fasciné, alors que d'un seul coup de queue, il pouvait fracasser la barque et son occupant. Fantastique, vraiment. Lawrence aurait voulu que cet instant durât une éternité.

Hélas, avec le lever du soleil arriva un baleinier, et de la hune retentit un cri :

– Serpent à bâbord !

Puis :

– En avant ! Tenez-vous prêts à tirer les harpons !

Le serpent des mers était si envoûté qu'il n'avait pas même réagi aux cris des hommes. Il faisait une cible parfaite pour les canons du navire.

Lawrence frissonna. Il sut tout de suite que lui seul pouvait sauver le monstre. Alors, il interrompit son chant d'un couac épouvantable, qui réveilla brusquement le serpent. L'animal regarda le navire, avec ses harpons pointés sur lui, il regarda Lawrence, et, dans un grand bouillonnement d'écume, il plongea dans les flots. Non sans avoir émis un étrange sifflement qui sonna comme un « merci » aux oreilles de Lawrence.

Les pêcheurs tirèrent du canon en vain. Le serpent avait bel et bien disparu. Quand on demanda à Lawrence ce qu'il faisait là, si tranquille, dans son embarcation chétive, le jeune homme répondit par un sourire énigmatique. C'était son secret, et il le garda.

Lawrence devint un grand chanteur d'opéra, ovationné sur toutes les scènes. On disait de lui qu'il avait la voix la plus juste au monde. Mais il garda en mémoire la seule fausse note qu'il eût jamais faite, celle qui avait renvoyé le serpent des mers, son spectateur le plus étrange, dans les profondeurs infinies des océans.

Les Fantômes d'Étretat

illustré par Sébastien Chebret

À partir de 7 ans | *4 minutes* | *L'apparition des fantômes*

Guillaume, chevalier de Fréfossé, vivait dans son château, sur les falaises d'Étretat. Son domaine, qui s'étendait sur plusieurs lieues, appartenait à sa famille depuis plusieurs générations maintenant. On raconte que le vent qui soufflait sur ses terres tous les jours de l'an, lui avait tourné la tête ! Pour beaucoup, cela expliquait sa cruauté légendaire…

Ce dimanche matin, Guillaume se rendit à l'église d'Étretat. Au sortir de la messe, il aperçut trois jeunes filles plus belles les unes que les autres. Il s'agissait des filles de l'aubergiste : l'aînée se nommait Marguerite, la deuxième Roseline et la benjamine Solène. Le chevalier succomba à leur charme. Mais, ne sachant faire un choix, il les fit mener toutes trois dans son château.

– Faites ici ce que bon vous semble, leur dit-il. Mon domaine vous appartient.

Quelle aubaine ! Elles qui n'avaient vécu que dans la misérable demeure de leur père depuis leur plus tendre enfance, couchaient maintenant dans des chambres de princesses. Leur souper était servi dans des assiettes de vermeil ; sur les tables, les couverts en argent et les verres de cristal brillaient de mille feux. Mais ce paradis sur Terre fut de courte durée.

Un soir, Guillaume entra dans la chambre de Marguerite. Assise à sa coiffeuse, elle brossait ses longs cheveux. Le chevalier s'approcha d'elle et, fixant son reflet dans le miroir, il déclama :

– Ô Marguerite, vous êtes du royaume la plus belle des fleurs.

Il lui caressa les cheveux. La jeune fille se leva d'un bond, les joues empourprées :

– Veuillez me laisser, monseigneur, s'empressa-t-elle de dire. Je tombe de sommeil. Bonsoir !

Guillaume se contint :

– Soit ! Je vous souhaite une bonne nuit. J'espère que demain vous serez de meilleure compagnie !

Avant de tourner les talons, le chevalier lui lança un dernier sourire, cachant la rage qui le tenaillait : cette vulgaire maraude avait osé lui résister ! Qu'à cela ne tienne, elle n'était pas la seule dans le château. Guillaume frappa à la porte de Roseline :

– Bien le bonsoir, bergère d'azur…

Mais, comme sa sœur, la jeune fille repoussa les avances de son hôte. Celui-ci ne décolérait plus. Furieux, il se dirigea vers la chambre de la benjamine : « Celle-ci ne m'échappera pas ! »
Mais c'était trop présumer de son charme… Toutes trois l'avaient évincé. Tudieu, ces donzelles allaient voir ce qu'il en coûtait de se refuser au chevalier de Fréfossé !
Guillaume appela ses hommes d'armes :
– Ligotez ces gredines ! ordonna-t-il. Je les ai surprises en train de voler l'argenterie ! Qu'elles soient jetées du haut de la falaise !
Les jeunes filles supplièrent, pleurèrent, mais rien n'y fit. L'orgueil et la rage aveuglaient le chevalier. Il s'en alla, laissant ses hommes exécuter leur triste besogne.
Les années passèrent.
Une nuit, un pêcheur distingua trois formes blanches déambulant sur les falaises, aux alentours du château de Fréfossé. Il n'y fit guère attention. Or, le soir suivant, ces formes réapparurent. À Étretat, la rumeur circula : « les fantômes des trois sœurs rôdent dans le domaine de Fréfossé ! »
C'était vrai ! Guillaume avait si vite oublié son crime qu'il était loin de se douter que les spectres de ses victimes le suivaient chaque fois qu'il quittait le château.

Mais un soir, alors qu'il regagnait sa demeure, il passa devant l'auberge d'Étretat. Le souvenir des trois jeunes filles revint immédiatement à sa mémoire. Lorsqu'il atteignit les falaises, Guillaume sentit une présence derrière lui. Il se retourna. Rien.
« Décidément, pensa-t-il, je m'effraie pour un rien ! »
Il continua sa route. Plus bas, les vagues s'écrasaient avec violence sur les rochers. Le chevalier s'arrêta un instant au bord du précipice pour contempler la mer. Le vent fouettait sa figure ; Guillaume avala de grandes bouffées d'air. Mais lorsqu'il se retourna pour poursuivre son chemin, un cri d'effroi lui échappa. Devant lui, les fantômes des trois sœurs ! Leurs visages livides effrayèrent le seigneur :
– Mais… Qui… Qui êtes-vous ? balbutia-t-il.
– Tu as la mémoire bien courte, chevalier !
– Mon Dieu !…
Saisi de terreur, Guillaume recula, oubliant le précipice qui s'ouvrait sous ses pieds.

Ce ne fut que quelques jours plus tard que l'on retrouva son corps échoué sur la plage. Personne ne pleura ce monstre de cruauté. Et jamais plus on ne voit de spectres près du château. Les filles de l'aubergiste reposaient désormais en paix.

Six Albatros

illustré par Elsa Fouquier

À partir de 6 ans — *3 minutes* — *Un oiseau de mauvais augure.*

Si vous croisez le vieux Sam Taylor, sur le port de Bridlington, ne vous arrêtez pas. Poursuivez votre chemin, surtout si le ciel est noir, si la mer grise roule des vagues furieuses. C'est dans ces moments-là que Sam raconte son histoire, toujours la même, d'une voix plaintive, au premier qui passe. Je le sais, je l'ai déjà entendue des dizaines de fois. Que voulez-vous ? Moi, j'aime bien le vieux Sam.
Vous voulez que je vous la raconte ? Fort bien. Elle est triste, je vous préviens.

C'était il y a fort longtemps. Sam faisait partie de l'équipage du Grimsby, un trois-mâts anglais en route pour la Norvège. Le quatrième jour, il

y eut une forte tempête. Le bateau résista, mais à la suite d'une brèche dans la coque, l'eau envahit les réserves.
On put préserver quelques barils de harengs fumés, quelques caisses de bière. Pas plus. Le voyage était trop engagé pour que le navire fît demi-tour. On continua donc, économisant l'eau douce, la nourriture. Sam Taylor faisait comme les autres : il scrutait l'horizon en espérant voir au plus vite la côte de Norvège.
Mais que ce voyage était long ! Trop long pour l'estomac de Tom Cash et sa petite tête brûlée. Un soir, alors que l'équipage mâchait la ration de hareng dans un silence de mort, il surgit comme un diable, les yeux fous, son fusil à la main. On le vit qui épaulait vers le ciel, qui tirait, avec un rire de dément. L'instant d'après, un grand corps blanc tombait sur le pont, au milieu des marins. Il y eut quelques cris d'effroi.
Ce qui venait de choir à leurs pieds, dans un nuage de plumes blanches, c'était un albatros. Un albatros ! Tom Cash venait de tuer un albatros ! Dieu sait les histoires terribles qui couraient sur cet oiseau de malheur ! Sam Taylor les avaient maintes fois entendues ! On disait que l'âme des marins y logeaient ! Et pas celles de n'importe quel marin, non ! Celles des capitaines cruels, qui avaient conduit leur bateau au naufrage, leur équipage à la mort, avant de s'engouffrer dans les eaux noires de l'océan. On disait que le cri des albatros était la plainte des noyés ! Qu'il annonçait les typhons et les raz de marée.
Tout le monde se regarda, terrorisé. Mais Tom Cash se mit à rire :
– Nom d'un artimon, voilà qui va améliorer l'ordinaire, pas vrai ?
La tentation fut trop forte. Malgré les protestations de la plupart d'entre eux, quelques marins coururent chercher leur fusil et un instant plus tard, cinq autres albatros gisaient sur le pont.

Tom Cash, qui était aussi cuistot, les prépara sur le champ. Puis tous s'empiffrèrent, les tueurs comme les autres, tous, même Sam Taylor ! Pendant un moment ils oublièrent leur peur. Et ces maudits harengs ! La chair des oiseaux était si bonne !

Tom Cash ricanait.

– J'ai pas eu raison, les gars ?

Ce fut dans la nuit que les choses se gâtèrent. D'abord la tempête. Une tempête venue de l'enfer, qui soulevait des vagues gigantesques, faisait tanguer le trois-mâts comme un bouchon, déchirait les voiles.

– Un homme à la mer !

Une lame avait emporté Tom Cash. On le voyait encore, à cent pieds du navire, soulevé par l'écume grise.

– Tiens bon, Tom ! hurla le capitaine.

Malgré la danse effrénée des vagues, on mit une chaloupe à la mer, avec cinq hommes dedans, qui ramèrent vers Tom Cash. Sur le pont, tout le monde suivait la manœuvre. Un instant on crut qu'ils allaient réussir, qu'ils ramèneraient l'homme. Et puis plus rien. Un creux les avala et l'embarcation disparut au milieu des flots.

Longtemps, les hommes hébétés scrutèrent la nuit sombre. En vain. La mer avait repris six vies.

Les vies des six albatros abattus par les marins du Grimsby…

Voilà. Vous comprenez pourquoi le vieux Sam Taylor erre sans fin aujourd'hui sur le quai de Bridlington. Pourquoi il raconte toujours la même histoire. Pourquoi dans ses yeux sombres, il y a la couleur de la mort.

La Chanson des sirènes

illustré par Elsa Fouquier

Texte de Michel Piquemal,
publié dans le magazine Moi, je lis Diabolo, n° 35 (juillet 1990)

À partir de 7 ans *15 minutes* *Pour chanter*

S'ils n'avaient pas été là, j'aurais passé tout mon temps à chanter. C'était une vraie passion. Dès que j'entendais un air à la radio, je me mettais à hurler à tue-tête. Hélas ! j'avais une voix de casserole… Et à peine commençais-je à chanter qu'ils se moquaient de moi. Ils ? Ah ! oui, j'ai oublié de vous les présenter : deux frères, tous deux plus grands que moi, et une multitude de cousins. Car, pour nous, les vacances se passaient toujours en famille. Chaque été, nous nous retrouvions tous dans une grande maison au bord de la mer : oncles, tantes, cousins et cousines…

Quand je dis « au bord de la mer », je veux dire vraiment au bord de la mer : sur la plage, au milieu des dunes de sable. Et quand je dis « maison », c'était en fait bien mieux qu'une maison ! Mon oncle Jacky l'avait construite de ses propres mains : tout en bois avec des volets verts. Il n'était pas maçon, mais avec de vieilles planches, des poutres et des clous, au bout du compte il avait fait la plus fantastique des maisons, une « baraque » comme on disait dans le pays.

N'allez cependant pas croire que nous y passions nos journées ! Au milieu des dunes, nous avions bien d'autres choses à faire : poursuivre les moineaux, construire des cabanes, ramasser les moules ou les chapeaux chinois qui se collent aux rochers, s'envoyer du sable ou des crabes à la figure.

Et puis, surtout, nous étions à moitié poissons ! Toujours dans l'eau, à nager… le crawl, la brasse, le papillon, l'indienne, la nage des chiens ; à se bagarrer pour un ballon (ça s'appelle le water-polo) ; ou bien plonger du haut de nos énormes bouées faites avec des chambres à air de pneus d'avion.

La mer est le plus fabuleux des terrains de jeu. Elle contient plein de trucs formidables : des algues, des coquilles, des couteaux, des tétines, des poulpes… et des hippocampes. Vous savez, cette drôle de bestiole qui ressemble à un cheval hérissé d'épines. C'est un animal extraordinaire. Quand il veut avancer, il se sert de ses nageoires dorsales comme d'hélices et il nage verticalement. Juste le contraire des poissons.

Les hippocampes, c'était notre passion ! Hélas ! on n'en voyait pas souvent. La plupart du temps, lorsque l'on croyait en apercevoir, cela se révélait de simples algues. Pourtant, un matin où l'eau était claire au point d'y distinguer le moindre grain de sable, nous en avons repéré un. Il s'était entortillé dans une algue dont il n'arrivait plus à se défaire.

Aussitôt, mon frère aîné prit la direction des opérations. Il envoya mon petit cousin chercher une bassine. Il nous fit mettre en cercle pour mieux le cerner ; et, en un tour de main, le cheval de mer fut prisonnier. Nous n'en revenions pas ! Groupés autour du récipient posé sur le sable, nous le regardions nager, droit comme un i.

Mon frère était le plus fier. C'était lui qui avait repéré et capturé l'hippocampe. C'était son hippocampe ! Il instaura même un tour de garde pour éviter que d'autres gosses ne nous le chipent.

Quand ce fut mon tour, je me suis senti fier comme tout. J'observais ses yeux, je comptais ses nageoires, j'essayais de frôler ses épines. Et puis, il me regardait, lui aussi. Il levait la tête et paraissait s'interroger. Cela a commencé à me faire bizarre… et même à me donner des remords. Ce pauvre hippocampe qui tournait en rond devait terriblement s'ennuyer, se languir de ses parents. Nous l'avions assez regardé ; nous pourrions peut-être le remettre à la mer.

Je courus en parler à mon frère mais il me passa un vrai savon. C'était son hippocampe, et lui seul déciderait de ce qu'il fallait en faire. Pour le moment, il n'était pas question de le relâcher. Et si je l'agaçais encore… il le tuerait et le ferait cuire pour voir quel goût il avait.

Silencieux, je revins prendre mon tour de garde. Plus je le contemplais, plus il semblait me supplier :

– Sois gentil, relâche-moi… Allons, ne sois pas cruel…

Alors, dans un murmure, je lui fis la promesse :

– Ce soir, quand ils seront tous couchés !

Toute la soirée, le problème me trotta dans la tête. Au repas, je ne mangeai presque rien et, une fois couché, je n'avais toujours pas

pris ma décision. D'un côté, j'avais promis, de l'autre je craignais la vengeance de mon frère. Je ne pouvais pas dormir. Mais soudain, il me sembla entendre le cheval de mer me supplier au beau milieu de la chambre :
– Sois gentil, relâche-moi ! Allons ! tu m'avais promis.
Le sang me monta au visage. Je sautai du lit et sortis de la baraque. Dans l'obscurité, je sentis le contact du sable frais sur mes pieds nus. J'empoignai la bassine et courus vers le rivage. J'avançai dans les vagues jusqu'à mi-cuisses et, délicatement, je rendis sa liberté à l'hippocampe. J'éprouvai aussitôt un immense soulagement ; et, face aux vagues qui dansaient sous la lune, je me mis à chanter à tue-tête. Pour la première fois, ma voix me parut belle, emportée par le vent de la mer et de la nuit.

Au matin, je me levai avec une boule dans la gorge. Je pensais aux représailles. Ça allait être terrible. Je me gardai bien de sortir et restai sagement à l'abri entre ma mère et mes tantes. J'essayai de préparer ma défense : « Moi ? Mais tu es fou, j'étais au lit... ! »
La porte s'ouvrit d'un coup. Mon frère entra en trombe, suivi de la ribambelle de cousins.
– Sale merdeux ! C'est toi qui as remis à l'eau mon hippocampe.
Et il me donna un grand coup de poing qui me fit saigner du nez. Comme prévu, je fus immédiatement pris en charge par ma mère et mes tantes, épouvantées. Vite, la tête en arrière et du coton dans les narines ! Mon frère fut privé de baignade, tandis que je restai sagement à l'abri dans la baraque. De ma chambre, je l'entendais ricaner et comploter à voix basse avec les autres, me préparant je ne sais quel mauvais coup.
Au repas, il annonça, solennel, qu'ils avaient décidé de me mettre en quarantaine jusqu'à la fin des vacances. Cela signifiait que je ne faisais plus partie de la bande.
Tous mes cousins étaient dans le coup. Je n'avais plus d'amis. J'étais seul !

L'après-midi, je tournai en rond comme une âme en peine, lorgnant désespérément leurs jeux par la fenêtre. Ils se mettaient à l'intérieur de grosses bouées, pliés en quatre, les genoux contre la tête ; ils se poussaient et dévalaient les dunes à toute vitesse pour aller s'aplatir dans le sable. Ça me faisait rudement envie. Mais dès qu'ils me voyaient passer le bout du nez, ils me montraient le poing.
J'aurais bien voulu leur faire croire que je m'en fichais, de leur quarantaine… mais en fait j'en avais les larmes aux yeux. C'est alors que je pensai à *Vingt Mille Lieues sous les mers*, le gros album cartonné de Jules Verne que mon oncle nous lisait les jours de pluie. C'était un livre splendide, avec une couverture rouge et doré qui nous faisait rêver. Je fouillai partout et finis par le dénicher au bas d'une armoire. Alors, m'installant confortablement à la grande table, je plongeai dans la lecture pour m'en aller rejoindre le fond des mers avec le sous-marin Nautilus du capitaine Nemo. L'histoire était fantastique ! Je lus tout l'après-midi… Et même le soir, après le repas, je continuai à lire dans mon lit, à la lueur d'une bougie, jusqu'à ce que le livre me tombe des mains…

Au beau milieu de la nuit, un bruit me réveilla. Quelqu'un frappait au volet. Le moment d'angoisse passé, je cherchai une explication : le volet s'était sans doute décroché et battait contre le mur.
Je me levai à tâtons. Effectivement, un contrevent était ouvert et la lune éclairait le devant de ma fenêtre. Je me penchai pour refermer le volet lorsque je vis une ombre à quelques mètres. Mon cœur se mit à cogner dans ma poitrine. L'ombre se rapprocha. Soudain, dans un rayon de lune, elle m'apparut clairement : un hippocampe ! Un hippocampe géant !
Je voulus pousser un cri, mais aucun son ne sortit de ma gorge. J'étais pétrifié. Mon corps refusait d'obéir… quand il me dit :
– Je t'attendais. Viens !
Alors ses yeux commencèrent à me fixer. Éclairés par la lune, ils étaient

d'un rouge qui me fascinait et dont je ne pouvais me détacher. La terreur m'abandonna et je retrouvai ma respiration.
Sans plus me poser de questions, j'enjambai le rebord de la fenêtre et me retrouvai sur la plage à ses côtés. Il était superbe. Sa peau brillante luisait sous la clarté de la lune.
– Mon maître m'a envoyé te chercher. Monte !
Je m'assis sur sa nageoire dorsale, passai mes bras autour de son encolure… Je chevauchais l'hippocampe géant !

Aussitôt, il m'emporta à une allure folle vers le rivage. Sans arrêter sa course, il pénétra dans l'eau, ne laissant émerger que sa tête et la mienne. Nous galopâmes alors en pleine mer, traçant derrière nous un sillage d'écume. Les vagues devinrent de plus en plus grosses, mais l'hippocampe s'en jouait avec une adresse étonnante. Tout à fait rassuré, j'appuyai ma nuque contre sa crinière, prêt à m'endormir contre lui… quand nous arrivâmes à proximité d'un tube de fer qui sortait de l'eau. L'hippocampe arrêta sa course et je redressai la tête.
– Mon maître t'attend !
Le périscope disparut, tandis que dans un gigantesque bouillonnement émergeait un fantastique sous-marin. Sa coque était toute noire, faite d'une multitude de plaques d'acier, exactement comme sur les gravures de mon livre. Frappé de stupeur, je m'écriai :
– Le Nautilus !
– Oui, me dit l'hippocampe, le capitaine Nemo est là. Monte sur le pont !
J'agrippai une échelle de fer et me retrouvai sur la plate-forme du sous-marin. Une trappe s'ouvrit comme par enchantement. La gorge nouée, je descendis dans le cœur du navire et débouchai dans une pièce dont la forte lumière m'éblouit.
– Je t'attendais, mon garçon.
Dans un fauteuil de cuir, sous les rayonnages d'une immense bibliothèque, un homme était assis. Il portait une barbe noire et frisée

qui m'effraya un peu, mais la douceur de ses yeux me rassura. Je connaissais le capitaine Nemo : je savais quelle existence solitaire il menait et de quels prodiges il était capable. Je m'approchai et le regardai bouche bée. Il posa sa main sur mes cheveux, puis me dit :

– Tu es un brave garçon. Ce que tu as fait pour l'hippocampe prouve que tu as un grand cœur. Demande-moi ce que tu veux et je ferai l'impossible pour te l'obtenir. Ne te presse pas. Réfléchis bien !

Je n'avais guère à réfléchir.

– Capitaine, je désirerais apprendre à chanter.

Il se gratta le tête d'un air perplexe :

– Il m'aurait été plus facile de te couvrir d'or, mais ton vœu n'est pas pour me déplaire. Si je n'ai malheureusement pas les talents qu'il faut, j'ai quelques amies qui peut-être pourront t'aider.

Tandis que je balbutiais des remerciements, il se tourna vers un tableau couvert de boutons lumineux et mit en marche les moteurs du Nautilus. Le sous-marin plongea à des milliers de mètres, puis, sans un bruit, avança à travers les fonds marins.

Après un long voyage au milieu des anémones et des massifs de corail, le Nautilus pénétra dans un énorme trou sous les rochers. C'était l'entrée d'une galerie très étroite. Le capitaine devait être un fameux pilote pour ne pas heurter les parois. Nous avons ainsi atteint un lac souterrain, et le Nautilus a refait surface.
– Voici la grotte des sirènes, me dit le capitaine.
– Des sirènes ? répétai-je, ébahi.
– Oui. Surtout, sois très poli avec elles. Elles adorent les compliments. Nous allons sortir et je vais leur parler.
Je suivis le capitaine sur la plate-forme. Les sirènes étaient bien là… si étranges avec leurs corps de poisson et leurs bustes de femme.
– Comme vous êtes belles ! murmurai-je malgré moi.
Un soupir de satisfaction emplit la grotte de fines notes musicales. Le capitaine me sourit, puis leur adressa la parole dans leur propre langue. Son discours fini, l'une d'entre elles lui répondit.
– Elles sont d'accord pour t'apprendre à chanter, m'expliqua le capitaine. Tu leur as fait une excellente impression.
Sur ces mots, il redescendit dans le Nautilus et je me retrouvai seul avec les sirènes. J'étais très gêné car elles n'arrêtaient pas de me fixer. Enfin, l'une d'elles s'approcha de moi :
– Tout d'abord, mon garçon, tu vas nous chanter quelque chose.
Je me raclai la gorge et essayai du mieux possible de leur interpréter le Petit Navire. Il y eut quelques rires discrets.
– Il y a effectivement des choses à revoir ; mais nous sommes là pour ça, reprit mon professeur. Pour commencer, il te faut savoir qu'on ne chante pas seulement avec la gorge mais aussi avec ça !
Et elle posa sa nageoire sur ma cage thoracique.
– Essaie de nouveau !

Je lui obéis. Comme par enchantement, les sons semblèrent venir du plus profond de moi-même.

– Maintenant, reprit-elle de sa voix douce et un peu pincée, nous allons t'apprendre notre chanson. Tu verras : elle est un peu magique. Quand tu la sauras bien, ta voix ne sera plus la même.

Et, toutes en chœur, elles se mirent à chanter. Un air qui montait très haut, puis qui descendait très bas dans les graves. Un air qui semblait par moments triste à faire venir les larmes, et soudain gai à battre des mains et à danser. Elles le chantèrent une fois, deux fois, trois fois, et bien d'autres fois encore. D'abord, je les accompagnai timidement. Mais, au fur et à mesure, ma voix prit de l'assurance. Au bout d'un moment, je me rendis compte que je chantais tout seul et qu'elles faisaient silence pour m'écouter. C'était formidable : ma voix était chaude et claire.

Un tonnerre d'exclamations vint saluer mon récital. Puis le professeur de chant reprit son ton un peu savant :

– C'est très bien, mon petit. Désormais, tu pourras chanter tant qu'il te plaira.

– Oh ! merci, madame ! Merci à vous toutes.

– Tu es charmant ! … Mais fais vite, mon garçon, le capitaine Nemo doit t'attendre.

– Oh ! Mesdames, avant de partir… je voudrais vous embrasser.

– Cet enfant est adorable !

Et elles vinrent chacune à tour de rôle glisser un baiser sur ma joue.

Une fois dans le Nautilus, je retrouvai le capitaine.

– Alors ? s'écria-t-il en souriant, ton vœu est exaucé ?

Mais il ne me laissa pas le temps de répondre. Il se tourna vers ses manettes et remit les machines en route.

– Voilà ! me dit-il au bout de quelques minutes. Je ne peux m'approcher davantage car le Nautilus s'enliserait. Hippo te ramènera. Sois heureux, mon petit, et passe ta vie à chanter. On ne peut rêver de plus beau destin.

J'allais le remercier. J'avais préparé tout un discours… mais le capitaine était un vieil homme bourru. À la différence des sirènes, il n'aimait guère les compliments. Posant doucement sa main sur mon épaule, il me conduisit vers les barreaux de l'échelle.

– Fais vite, maintenant, un enfant de ton âge a besoin de sommeil.

Dehors, Hippo m'attendait. Un peu fatigué, j'ai posé la tête contre son encolure… Et puis… je ne me souviens plus de rien.

Au petit matin, je me suis réveillé dans mon lit. Les volets étaient grands ouverts et il flottait dans la pièce comme un parfum d'algues marines. Toutes mes aventures de la nuit me sont revenues à l'esprit. Je me suis dressé sur mon lit et j'ai entonné la chanson des sirènes. Ma voix s'est élevée, pure et claire comme je l'avais toujours rêvée. Un vrai miracle ! Elle semblait décrire des courbes harmonieuses dans les airs et ne forçait ni dans les graves ni dans les aigus.

Aussitôt, une tête apparut dans l'encadrement de la porte. Une tête, puis deux, puis trois. En quelques minutes, ils étaient tous là – frères, cousins, cousines… – groupés autour du lit, éberlués. Un sourire béat d'admiration illuminait même le visage de mon frère aîné :

– Ben, dis donc ! s'est-il exclamé.

D'un bon, j'ai sauté hors du lit et j'ai couru sur la plage en reprenant ma chanson à pleine gorge. Hurlants et riants, ils m'ont tous suivi jusqu'à la mer, dans le sillage magique de la chanson des sirènes.

Le Vaisseau fantôme

illustré par Elsa Fouquier

À partir de 6 ans *3 minutes* *Un navire sans âme*

En l'an de grâce 1647, dans ce nouveau monde appelé Amérique, un grand vaisseau quittait le port de New Haven. C'était un bateau majestueux, dont la cargaison était de celles qui comblaient les hommes de cette époque : balles de coton, tabac, maïs, poivre et autres épices. La population du port était venue saluer ce géant des mers, flambant neuf, qui partait en Europe vendre sa marchandise. Toutefois, au lieu des hurlements de liesse qui accompagnaient d'ordinaire un tel événement, des murmures couraient parmi la foule.

– On dit qu'il a été mal construit.

– Ouais. J'ai entendu l'autre jour son capitaine en parler comme d'une tombe flottante !

– Balivernes ! Le seul cercueil du marin, c'est le fond de la mer !

– N'empêche ! Avez-vous vu les hommes d'équipage, quand ils se sont embarqués ? Ils avaient des faces de condamnés à mort !

Lorsque le vaisseau quitta le port, dans ce matin d'hiver, un silence glacé s'abattit sur les quais. Tout le monde avait le sentiment qu'il allait se passer quelque chose de terrible. Certains étaient même persuadés qu'on ne reverrait jamais le navire.

À partir de ce jour, il ne passa pas un seul bateau dans le port de New Haven sans qu'on demandât à son capitaine des nouvelles du fameux vaisseau. Mais nul ne savait ce qu'il était devenu, et peu à peu, l'idée de sa disparition s'installa dans les esprits.

Par un bel après-midi de juin, le ciel soudain s'obscurcit. Un gros orage éclata au-dessus de la ville, et la noya sous un déluge d'eau. Lorsque les derniers nuages noirs eurent disparu, on assista alors au plus extraordinaire spectacle qu'on pût imaginer.

Les gens de New Haven virent s'avancer, venu du large, un grand navire, toutes voiles dehors, pavillon au vent. Il fonçait droit vers l'entrée du port. Autour de lui, comme un halo, une étrange lumière scintillait. Chose curieuse, s'il fendait la mer d'une proue conquérante, si ses voiles étaient gonflées de brise, personne cependant ne sentait le moindre souffle de vent. Plus mystérieux encore, le pont était désert, absolument désert. Pas le moindre homme d'équipage pour préparer l'accostage. Sur le quai, seuls les enfants applaudissaient à tout rompre le nouvel arrivant, chantant des airs de bienvenue, comme à l'ordinaire. Les hommes et les femmes, eux, étaient pétrifiés par la scène. Et leur stupeur fut à son comble lorsqu'ils virent, juchée à la proue, la silhouette sombre d'un homme brandissant une épée. Seul être vivant à bord, semblait-il.

Le Vaisseau fantôme

Le navire entra dans le port, sans ralentir le moins du monde, toujours poussé par un souffle invisible. Soudain une formidable rafale de vent déchira d'un coup les voiles, et secoua le bateau de fond en comble. Les mâts se fracassèrent comme des arbres morts. En un instant le vaisseau ne fut plus qu'une carcasse démantelée, glissant sur l'eau trop calme du port. L'énorme et misérable coque oscilla encore quelque temps dans le port, avant de virer de bord, de foncer de nouveau vers le large et d'y disparaître enfin, dévorée par un brusque brouillard.

Sur les quais, personne n'osait bouger, ni parler. Ce qu'on venait de voir dépassait l'imagination.

Pourtant, chacun y songeait : ce vaisseau, qui venait d'être englouti par une brume venue de nulle part, c'était bien celui qui était parti au cœur de l'hiver ; celui dont on avait perdu la trace. Et l'épouvantable scène qu'ils venaient de voir, celle de son naufrage, peut-être à des centaines de milles de New Haven. Était-ce un mirage ? Une apparition infernale ? Un signe de l'au-delà ? Nul n'aurait parié sur la réponse. Chacun retourna chez lui, épouvanté par l'incroyable vision.

Certains ont parlé de vaisseau fantôme. Comme si du plus profond des flots où il s'était englouti, le navire fracassé surgissait pour hanter le monde des vivants. De loin en loin, des marins affirment l'avoir revu, glissant sur la mer, voiles déchirées, le pont toujours désert. Avec, à la proue, la noire silhouette du capitaine brandissant son sabre vers le large. Là où le vaisseau fantôme semble condamné à errer jusqu'à la fin des temps.

C'est ce qu'on dit encore aujourd'hui dans le port de New Haven. Et les marins ne sont pas gens à raconter n'importe quoi, croyez-moi.

Compte et raconte

Par ordre d'apparition

Montre en main

2 minutes

3 minutes

4 minutes

5 minutes

8 minutes

10 minutes

11 minutes

13 minutes

14 minutes

15 minutes

17 minutes

Du plus petit au plus grand

Rien que de l'eau...

La terre aurait pu porter pour nom « planète d'eau », car en effet, plus de 70 % de sa surface est recouverte de mers et d'océans, de rivières ou de lacs.

La mer et les océans

Les océans ont des noms différents selon les lieux. En réalité, il n'y en a qu'un seul, qu'on appelle l'océan Mondial. Ces océans sont également composés de mer qui sont comme des « provinces ». Les principaux océans sont l'océan Pacifique, l'océan Atlantique, l'océan Arctique, l'océan Antarctique, et l'océan Indien.

Les marées, qu'est-ce que c'est ?

C'est l'attraction de la Lune sur les océans qui provoque les marées. Le phénomène est plus ou moins renforcé par l'attraction du Soleil. Lorsque la lune et le soleil sont alignés, les forces d'attraction s'ajoutent et la mer monte et descend beaucoup. Ce sont les grandes marées ou marées de « vives-eaux ». Lorsque les astres forment un angle droit : la mer monte et descend peu, ce sont de faibles marées ou marées de « mortes-eaux ».

Un coefficient à connaître

Pour indiquer la force des marées, on mesure la différence entre la mer à son niveau le plus bas

La mer, un milieu fragile

La mer est un milieu qu'il faut protéger et quelques gestes quotidiens peuvent suffire :

- Sur la plage, jeter les déchets dans une poubelle.
- Les morceaux de gâteaux ou de fruits ne sont pas forcément bons pour les animaux qui vivent en bord de mer ; il faut donc jeter ces déchets dits « biodégradables ».
- Au bord de l'eau, il faut respecter les animaux, les endroits de nidification des oiseaux et replacer les pierres que l'on déplace.

et le plus haut : c'est le coefficient (de 20 à 120). On parle de grandes marées lorsque le coefficient dépasse 100.

Rendez-vous avec la marée...

Les marées transforment le paysage côtier toutes les 6 h environ. Au cours d'une journée, tu peux observer deux marées hautes et deux marées basses. Attention ! Les marées dépendent du jour lunaire qui dure 24 h et 50 min, cela provoque un décalage et l'horaire des marées change d'un jour à l'autre.

Un spectacle à ne pas manquer

Une grande marée basse va te dévoiler l'estran. Cette large étendue de sable et de rochers, normalement sous l'eau devient pour quelques heures un grand terrain de jeu : c'est l'occasion de découvrir les coquillages ou les algues.

La mer, ses mythes et ses légendes

La mer fascine les hommes car ils ne la contrôlent pas complètement et ignorent ce que cache ses fonds sous-marins ! Par ailleurs, la mer qui se déchaîne, impressionne les marins les plus aguerris… De nombreux mythes sont nés de ses colères impromptues…

L'Atlantide

L'Atlantide est une île imaginaire qui aurait été engloutie dans l'Antiquité. Cette île a été décrite par Platon (IVe siècle avant J.-C.) et aurait accueilli une merveilleuse civilisation. Elle se situerait dans le goulet du détroit de Gibraltar, à l'entrée de l'Atlantique. Celle-ci aurait été engloutie lors d'un terrible tremblement de terre…

Mythologie

Neptune est dans la mythologie romaine, le dieu des Mers et des Océans, ainsi que du règne aquatique, il est l'équivalent de Poséidon chez les Grecs. Neptune, ou Poséidon, fils de Saturne et de Rhéa, était frère de Jupiter et de Pluton. Saturne, ne devant pas avoir de descendance, mangeait ses enfants dès leur naissance. Un jour, Rhéa mit au monde des jumeaux et, voulant sauver au moins un de ses enfants du tragique sort qui leur était destiné, elle en réfugia un dans une bergerie d'Arcadie et le remplaça par une pierre qu'elle enveloppa dans des langes : c'était Jupiter qui, par la suite, sauva tous ses frères et sœurs. Dans le partage que firent Neptune, Jupiter et Pluton de l'univers, Neptune eut pour lot la mer, les îles et tous les rivages.

Les monstres marins

La mer compte aussi des créatures maléfiques, imaginaires et mythiques. Très souvent, ils se trouvent dans des lacs aux eaux sombres et profondes, difficilement praticables. Parmi les plus célèbres, le monstre du Loch Ness…

Le Loch Ness

Ce lac est devenu célèbre suite à de prétendues apparitions d'un monstre marin dans ses eaux noires et froides, monstre qui a été surnommé Nessie (ou parfois Nessy). Selon la légende, il s'agirait soit d'un plésiosaure (grand reptile aquatique du Mésozoïque), soit d'un silure géant, ou même d'un serpent de mer. Les expéditions scientifiques récentes et les aveux de mystificateurs semblent avoir sérieusement entamé la crédibilité de son existence.

Une balade sous-marine avec masque et tuba

Avec des palmes, un masque et un tuba, il est possible de faire de belles balades et d'observer des poissons, des oursins ou encore des étoiles de mer.

Quelques conseils :

Le masque : humidifier la vitre, à l'intérieur du masque, avant de le mettre. Inspirer légèrement par le nez pour vérifier qu'il est étanche : le masque doit se coller au visage et l'air ne doit pas y entrer.

Le tuba : pour expulser l'eau qui peut parfois entrer, il faut souffler très fort et ne pas boire la tasse ! Pour que le bout ne touche pas l'eau, il faut veiller une fois qu'on a la tête dans l'eau, à ne pas baisser la tête.

Palmes : une fois que tu as enfilé tes palmes, tu peux avancer dans l'eau à reculons. Même chose pour sortir, ce sera plus facile.

Respiration : il faut respirer par la bouche, lentement et maintenant, à toi les fonds sous-marins !

Pêcher à la ligne

Au bord de l'eau, sur la plage, au bout d'un ponton ou sur des rochers, on peut lancer une ligne et un hameçon.

Quelques conseils :

Préparer à l'avance la ligne lestée d'un plomb, éventuellement d'un flotteur et surtout, d'un appât.

Les appâts peuvent être variés : morceau de pain, poisson coupé en lanières, vers de plage, moules, etc.

Accrocher solidement l'appât au crochet : il faut essayer de masquer le crochet.

Repérer les bons endroits : les bancs de poissons créent du mouvement et attirent les oiseaux. Attention néanmoins à ne pas te rendre dans des endroits dangereux (rochers glissants, lieux exposés au vent, etc.)

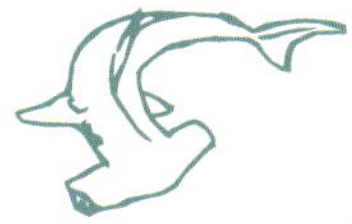

Fabriquer un petit bateau

Quelques coquilles de noix, un peu de papier et des ciseaux permettront de réaliser de jolis petits bateaux

Matériel nécessaire :

noix
ciseaux
colle
feutre
bâtonnets en bois
pâte à modeler ou de la pâte à sel
papier de couleur

Réalisation :

- Ouvrir les noix en deux sans les écraser. (Glissez la pointe d'un couteau dans la jointure et ouvrez comme une huître)
- Vider les noix sans casser les coquilles. Remplir les coquilles avec de la pâte à modeler ou de la pâte à sel.
- Dessiner les voiles du ou des bateaux sur du papier de couleur.
- Découper les voiles de bateaux.
- Glisser les voiles sur le bâtonnet en bois.
- Planter le mât dans la pâte à modeler ou la pâte à sel.

Bibliographie

Recueils pour la jeunesse

Andersen, *Contes*, Gründ, 1979.

Aulnoy Marie-Catherine, *La Chatte blanche*, Larousse, coll. « Classiques junior », 1986.

Aymé Marcel, *Les Contes bleus du chat perché*, Gallimard, coll. « Folio junior », 1987. *Les Contes rouges du chat perché*, Gallimard, coll. « Folio junior », 1979.

Leprince de Beaumont Jeanne-Marie, *La Belle et la bête et autres contes*, Le livre de poche jeunesse, 1979.

Contes des mille et une nuits, traduction d'Antoine Galland, Hachette jeunesse, 1986.

Grimm Jacob, *Contes*, Hatier, 1988.

Grimm Jacob, *Les Contes de Grimm*, Gründ, 1979.

Gripari Pierre, *Contes de la rue Broca*, Éd. de la Table Ronde, 1967.

Homère, *L'Illiade*, Gallimard, coll. « Mille soleils », 1985. *L'Odyssée*, Gallimard, coll. « Mille soleils or », 1982.

Perrault Charles, *Contes de ma mère l'Oye*, Gallimard, « Folio junior », 1982.

Soupault Philippe, *Histoires merveilleuses des cinq continents*, Seghers, 1985.

Collections de contes

Les Littératures populaires de toutes les nations, Maisonneuve et Larose.

Contes merveilleux des provinces de France, publiés sous le patronage du musée national des Arts et Traditions populaires, Editions Erasme.

Récits et contes populaires, Gallimard.

Contes et légendes, Nathan (séries Antiquité, Provinces de France, Monde).

Contes et légendes de tous pays, Gründ.